Salih Alexander Wolter

Das Sternbild des Matrosen lesen

Die Reihe »Angewandte Sexualwissenschaft« sucht den Dialog: Sie ist interdisziplinär angelegt und zielt insbesondere auf die Verbindung von Theorie und Praxis. Vertreter_innen aus wissenschaftlichen Institutionen und aus Praxisprojekten wie Beratungsstellen und Selbstorganisationen kommen auf Augenhöhe miteinander ins Gespräch. Auf diese Weise sollen die bisher oft langwierigen Transferprozesse verringert werden, durch die praktische Erfahrungen erst spät in wissenschaftlichen Institutionen Eingang finden. Gleichzeitig kann die Wissenschaft so zur Fundierung und Kontextualisierung neuer Konzepte beitragen.

Der Reihe liegt ein positives Verständnis von Sexualität zugrunde. Der Fokus liegt auf der Frage, wie ein selbstbestimmter und wertschätzender Umgang mit Geschlecht und Sexualität in der Gesellschaft gefördert werden kann. Sexualität wird dabei in ihrer Eingebundenheit in gesellschaftliche Zusammenhänge betrachtet: In der modernen bürgerlichen Gesellschaft ist sie ein Lebensbereich, in dem sich Geschlechter-, Klassen- und rassistische Verhältnisse sowie weltanschauliche Vorgaben – oft konflikthaft – verschränken. Zugleich erfolgen hier Aushandlungen über die offene und Vielfalt akzeptierende Fortentwicklung der Gesellschaft.

BAND 24
ANGEWANDTE SEXUALWISSENSCHAFT
Herausgegeben von Ulrike Busch, Harald Stumpe,
Heinz-Jürgen Voß und Konrad Weller
Institut für Angewandte Sexualwissenschaft
an der Hochschule Merseburg

Salih Alexander Wolter

Das Sternbild des Matrosen lesen

Schwules Leben – schwule Literatur

Mit einer Einleitung von Heinz-Jürgen Voß

Psychosozial-Verlag

Bibliografische Information der Deutschen Nationalbibliothek
Die Deutsche Nationalbibliothek verzeichnet diese Publikation
in der Deutschen Nationalbibliografie; detaillierte bibliografische Daten
sind im Internet über http://dnb.d-nb.de abrufbar.

Originalausgabe

E-Mail: info@psychosozial-verlag.de
www.psychosozial-verlag.de

Umschlagabbildung: Klotür in der Ausstellung »Homosexualität_en«
des Deutschen Historischen Museums
in Zusammenarbeit mit dem Schwulen Museum Berlin, 2015
Umschlaggestaltung & Innenlayout nach Entwürfen
von Hanspeter Ludwig, Wetzlar
Satz: metiTec-Software, me-ti GmbH, Berlin, www.me-ti.de
ISBN 978-3-8379-3012-2 (Print)
ISBN 978-3-8379-7706-6 (E-Book-PDF)
ISSN 2367-2420

Inhalt

Für Christopher M. Sweetapple

Schwuler Literatur begegnen: Verbindungslinien zu Aktivismus und Wissenschaft

Eine Einleitung

Heinz-Jürgen Voß

Warum sollte man schwule Literatur (wieder) lesen? Die im Band versammelten Aufsätze von Salih Alexander Wolter machen das klar – und laden zur Beschäftigung mit Literatur ein. Ich habe sehr gern die Aufgabe übernommen, eine Einleitung zu formulieren – und stelle dabei Aspekte heraus, die dem Autor – wie mir – besonders wichtig sind: die Verschränkung von Aktivismus und Textarbeit, sei sie nun literarisch oder wissenschaftlich.

Das Politische der Klappe

> »Also gut, Herr Journalist, der Park wird Klappe oder Boulevard genannt. Wenn man dort herumstreunt, dann heißt das Durch-die-Büsche-Ziehen. Die Klappe dient zur Anmache. Das heißt: zum Aufreißen. Zwecks Blasen. Das heißt: Lutschen. Diese Parks hat es immer gegeben, seit ich lebe und Schwänze lutsche, also seit vor dem Krieg. Früher zog sich die Klappe durch die ganze Stadt, und genau so sollte dein Roman über uns beginnen. ›Die Gräfin verließ das Haus um halb zehn‹ und ging in den Park, denn zehn Uhr abends ist die beste Zeit für einen kleinen Schwengel« (Witkowski, 2007, S. 19).

Patrycja und Lukrecia klären Michał Witkowski für seinen 2007 in deutscher Übersetzung erschienenen Roman liebevoll auf, obgleich sie wissen, dass er es gar nicht nötig hat. Michał kennt sich bestens in der Szene aus, Michał, der nun einen Roman schreibt, in dem sie endlich im Mittelpunkt stehen dürfen und dies sichtlich genießen. *Lubiewo* heißt der Roman, benannt nach dem Badestrand an der polnischen Ostseeküste. In Krakau auf Polnisch veröffentlicht und dort in zahlreichen Auflagen erschienen, krempelte er auch das deutsche Bild von polnischen Schwulen um: Polnische Schwule sind nicht diese leidvollen Gestalten, die stets und von allen unterdrückt nach deutscher Unterstützung lechzen. Sie haben Freude, sie haben Sex, sie benutzen die echten Hetero-Kerle, sie sorgen sich um ihr materielles Auskommen, sie gehen in die Kirche, sie geben Kontaktanzeigen auf, sie vergehen sich, sie verachten, sie werden auch mal ermordet. Das es gar kein solches »sie« – »die« polnischen Schwulen – gibt, dafür ist der Roman bestes Belegstück: das schwule Polen.

Ein Beispiel sind Lukrecia und Patrycja. Mittlerweile etwas gealtert, sehnen sie sich nach den guten alten Zeiten – als es die sowjetischen Kasernen noch gab mit all den echten Kerlen. Nur auf solche stehen sie. Dreckig müssen sie sein, nach Dreck und Schweiß riechen: »Ein Kerl kann auch schwul sein, Hauptsache schlicht wie Eichenholz, ungebildet, denn mit Abitur ist das schon kein richtiger Mann mehr, nur irgend so 'n Intelligenzler« (ebd., S. 20). Alle haben sie rumgekriegt, auch die stationierten sowjetischen Soldaten. Sie können kaum benennen, wie viele und wessen Schwänze sie schon in ihrem Mund und Hintern hatten. Zunächst gingen sie nachts in die Kasernen, in ihrer Kleidung kaum von Frauen zu unterscheiden. Anfangs glaubten ihnen die Soldaten, dass es gerade »von vorne nicht ginge« – und nahmen sie daher gerne von hinten oder ließen sich einen blasen. Später, als sie wussten, dass ihre ersehnten Sexpartnerinnen womöglich einen Schwanz hatten, war es ihnen egal. Als sie schließlich gehen mussten, weil die Kaserne aufgelöst wurde, weinten sie ihren ersten Lieben hinterher. Aber nicht nur sie schluchzten: Auch die Tunten weinen ihnen und diesen Zeiten noch immer Tränen hinterher. Nichts halten Lukrecia und Patrycja von der neuen Zeit: »Heute kann man für Geld alles verändern: Geschlecht, Augenfarbe, Haare ... Für Phantasie ist da kein Platz mehr. Deshalb sind sie lieber arm und ›amüsieren sich‹« (ebd., S. 14). Nichts halten beide von »den Gays«, die keine Schwulen mehr sind, die vor »Solarium, Techno, Firlefanz« kein »Bewusstsein von Schmutz oder Verworfenheit« mehr haben. (ebd., S. 42) »Die Gräfin« hatte es das Leben gekostet. Sie hatte einmal drei Kerle mit nach Hause genommen und wurde widerlich ermordet ...

Wenn es um schwule Literatur geht, kommt man nicht an den realen Begebenheiten vorbei, die den Autoren den Anstoß für ihr Schreiben geben oder sie doch zumindest prägen. Gleichzeitig spiegeln sich in ihren Arbeiten und Biografien die gesellschaftlichen und politischen Auseinandersetzungen der Zeit. Auch deshalb ist ein Ausschnitt aus einer Klotür – einer Tür einer für Sex genutzten Klappe – der richtige Aufmacher für einen Band, der sich mit schwuler Literatur befasst. Ganz konkret und nah am eigentlichen Leben ist sie ein Zeugnis für die Möglichkeit von Männern mit anderen Männern für Sex in Kontakt zu kommen. Zeitweise waren Klappen die frequentiertesten Orte für mann-männlichen Sex schlechthin – die schriftlichen Zeugnisse an der Klotür, wie auch das Loch *(glory hole)*, das zum »Spannen« oder auch zum Durchschieben eines Gliedes verwendet werden konnte (und kann), sind Hinweise auf den praktischen Gebrauch. Zugleich legen diese Klotüren offen, wie nah der sprachliche Ausdruck an der Tür mit sexuellen Bedürfnissen und realen Begebenheiten in Verbindung steht. Es mag vor dem Hintergrund einiger der in diesem Band versammelten Autoren – etwa Genet, Goytisolo und Fichte – auf den ersten Blick als etwas abschätzig erscheinen, aber im Grunde finden auch ihre Arbeiten zur »banal« wirkenden Klotür zurück. Die schwule Erfahrung ist ihren Arbeiten und mindestens ebenso deutlich auch etwa in die von Cem Yıldız eingeschrieben – die konkrete Erfahrung, die die Autoren selbst gemacht haben. Perihan Mağden sei hier als Ausnahme angeführt: Ihr Roman *Ali und Ramazan* kommt ohne diese eigene schwule sexuelle Erfahrung aus und vermag dennoch – nicht weniger intensiv – aus den realen Begebenheiten zu schöpfen.

Und die Klappe – wie auch einige andere Orte mann-männlichen Sexes – ist politisch. Das gilt aus mehreren Perspektiven: Die Klappe ist in der deutschen – insbesondere der westdeutschen und westberliner – Geschichte des 20. Jahrhunderts ein Ausdruck einer dauerhaften Verfolgung mann-männlichen Sexes, selbst noch nachdem der Strafparagraf 175, der mann-männliche sexuelle Handlungen sanktionierte (und in der Bundesrepublik erst 1994 in Angleichung an DDR-Recht gänzlich abgeschafft wurde), 1969 auf eine zu heterosexuellem Sex verschiedene Schutzaltergrenze abgemildert worden war. So hat die Zeitschrift *Gigi – Zeitschrift für sexuelle Emanzipation* im Beitrag *Schwule, Spanner, Sexverbrecher – Eine (unvollständige) Chronik staatlicher Repression* (2001) die staatliche Repression gegen schwulen Sex nachgezeichnet. Der Sex wurde mal direkt durch Razzien angegriffen, mal – grün und ökologisch besser verkäuflich – durch Baumfällaktionen und das Ausdünnen von Buschwerk, wie es etwa im Berliner Tiergarten wiederholt stattfand. In Berlin wurden die öffentlichen Toiletten seit 1994 an die Firma Wall verkauft, was durch die damit verbundene Kostenpflichtigkeit der Benutzung zur weitgehenden Zerstörung der Klappenkultur in Berlin führte.

Auch zuvor schon wurden Klappen hin und wieder von der Stadtreinigung oder auf behördliche Anweisung geschlossen. Wilfried Eigeltinger schreibt hierzu beispielsweise in seinem Band *Graffiti für Vespasian: Die Kunst im Pissoir*:

> »Welche Toiletten als sexuelle Kontaktmöglichkeit Erfolg versprechen, das ändert sich von Zeit zu Zeit. Manchmal wird eine Klappe von der Stadtreinigung wochenlang geschlossen gehalten, weil ›der öffentliche Verkehr‹ zu offenkundig wurde und wegen ›mutwilliger Beschädigungen‹: eingebohrte Gucklöcher und Graffiti an Türen und Wänden. Eine Klappe kann schlagartig ihre Beliebtheit verlieren, wenn sich herumspricht, daß sie von Rockern heimgesucht wird, die dort im Konflikt mit ihrer eigenen latenten Homosexualität Klappengänger zusammenschlagen. Auch ein Mord an einem Klappengänger oder häufige Polizeirazzien können eine Klappe dauerhaft entvölkern« (Eigeltinger, 1983, S. 8).

Damit ist die gesellschaftliche Marginalisierung und die (zivil-)gesellschaftliche Diskriminierung und Gewalt gegen Schwule angesprochen. Das ist das zweite Motiv politischer Aufladung der Klappe.

Ein drittes Motiv ist heute virulent: Bereits in Rosa von Praunheims Film *Nicht der Homosexuelle ist pervers, sondern die Situation, in der er lebt*, der als zentraler Katalysator der westdeutschen und westberliner Schwulenbewegung gilt und auch auf inhaltlichen Beiträgen von Martin Dannecker beruht, werden Männer, die auf Klappen gehen, als »Pissbudenschwule« verächtlich gemacht und ihnen jede reflektierte politisch-gesellschaftliche Haltung abgesprochen. Die Schwulenbewegung manifestiert sich so gerade auch als Bewegung, in der sich bürgerliche Schwule – meist Studenten – gegen den gewöhnlichen mann-männlichen Sex stellen. Das politische Potenzial der Klappe und auch das, das sich aus dem sexuellen Verkehr unter Männern ergibt und das von den in diesem Band vorgestellten Autor_innen gesehen wird, gerät so schwulenbewegt unter die Räder. Wilfried Eigeltinger (1981, S. 151) umreißt das klassenkämpferische Potenzial, das sich aus der Begegnung von Männern unterschiedlicher gesellschaftlicher Schichten auf der Klappe zeigt, in der ersten Ausgabe des schwulen Stadtführers *Berlin von hinten* (1981) wie folgt:

> »Viele Klappengänger trifft man nie an anderen Orten schwuler Subkultur.
>
> Ein [Schwarzer], der mich mit nach Hause nahm, war in den USA verheiratet, hatte in Berlin eine Freundin und holte sich hin und wieder einen Mann von der Klappe.
>
> Ein Arbeiter mit herb männlicher Ausstrahlung (KFZ-Mechaniker), den ich von der Klappe zu mir nach Hause geschleppt hatte, wollte, daß ich ihm ›innen Kanal ficke‹. Hinterher erklärte er mir, er fände das manchmal ganz geil. […]
>
> Die Klappe ist also nicht einfach ein Ort schwuler Subkultur. Sie ist viel eher das Niemandsland zwischen Homosexualität und Heterosexualität, ein Ort heimlicher Grenzüberschreitungen. Er wird

von der Polizei und ihren Zivilstreifen kontrolliert. Sexuelle Aktivitäten werden vom Personal der Stadtreinigung nicht selten aggressiv gestört. Notgedrungen geduldet wird Homosexualität nur, solange sie unsichtbar bleibt.

Das namenlose ›Es‹ treibt's dennoch. Die ausgesiedelte Widernatur lebt lautlos und feiert den Verstoß gegen erzwungene Natürlichkeit, für Augenblicke befreit vom sozialen Rollenzwang, vom täglichen Terror zur Normalität. [...]

Das Tabu zwingt in die Anonymität.«

Der »Pissbudenschwule«, der durch die Einhegung des schwulen sexuellen Austauschs in der klaren Identität des Schwulen auch in der Subkultur randständiger wird, könnte allein durch sein Tun und den Erfahrungsraum, den er schafft und sich nimmt, als das eigentliche politische Subjekt angesehen werden. In seinem Nachruf auf Pier Paolo Pasolini, der seit 2018 auch in einer deutschen Übersetzung von Salih Alexander Wolter vorliegt, beschreibt der französische Romancier und Schwulenaktivist Guy Hocquenghem, dessen zentrale Schriften dieser Tage in den deutschen Diskussionen wiederentdeckt werden, welche Verarmung schwuler Kultur sich durch die identitäre Selbstverortung ergibt:

»Diese Kämpfer sind sich nicht im Klaren darüber, dass sie sich auf diese Weise der breiten Bewegung anschließen, die es etwa in Frankreich und Amerika für die Respektabilisierung und Neutralisierung der Homosexualität gibt. Jene Bewegung wächst nicht aufgrund vermehrter Repression an, sondern stützt sich, im Gegenteil, auf eine intime Transformation des homosexuellen Charakters, befreit von seinen Ängsten und seiner Marginalität und endlich in das Gesetz integriert. [...]

Und jeder wird nur noch in seiner eigenen gesellschaftlichen Klasse ficken, die dynamischen Juniorchefs werden mit Entzücken das Aftershave ihrer Partner riechen, und selbst der Papst wird daran nichts mehr falsch finden können. [...] Der neue offizielle Schwule wird nicht nach nutzlosen und gefährlichen Abenteuern auf dem kurzen

Weg zwischen den sozialen Klassen suchen. Er wird sicher ein sexuell Perverser bleiben, er wird mit Faustficks oder Flagellation experimentieren, aber mit der kühlen guten Gesinnung sexualwissenschaftlicher Magazine – keine gesellschaftliche Gewalt, sondern Sextechniken. Pasolini war altmodisch, das ungeheure Überbleibsel einer Epoche, die wir jetzt hinter uns lassen« (Hocquenghem, 2018 [1976], S. 103f.).

Grenzgänge, Möglichkeiten Nichterwartbares zu erleben, sich selbst Erfahrungsräume zu öffnen – das kennzeichnet das Schreiben der in diesem Band von Salih Alexander Wolter versammelten Autoren und der Autorin. Das geschieht gewiss auf unterschiedliche Weise und mit verschiedener Intensität – wie im Weiteren deutlich wird –, als vorläufige Feststellung soll es hier dennoch schon vermerkt sein.

Angeregt durch den Lektor: Mein persönlicher Zugang zu Literatur

Mein Blick auf Literatur bliebe unehrlich, wenn ich die eigenen Zugänge nicht ein Stück weit offenlegen würde. Das gilt noch mehr für schwule Literatur. Als Naturwissenschaftler_in liest man nicht gern: Ich möchte es so verabsolutierend ausdrücken, wie es gewiss nicht zutrifft. Aber von der Fachkultur her ist etwas dran. Etwa Mediziner_innen oder Biolog_innen, wie ich einer bin, lesen für ihre fachliche Arbeit Papers, also kurze wissenschaftliche Aufsätze, oft inhaltlich dicht und oft nur drei oder vier Seiten lang. In den Texten geht es um Fakten; nur die gesellschaftliche Einbindung des eigenen Themas am Anfang oder Ende des Aufsatzes – über die die eigene Wichtigkeit herausgestellt und insbesondere die staatliche oder unternehmerische Finanzierung der jeweiligen Forschung unterstützt werden soll – greift große Utopien auf, etwa, dass nun gezeigt sei, wie »das Geschlecht« entstehe oder Haarausfall stattfinde, obwohl man doch nur ein einziges Gen von einer einzigen Person (Proband_in) untersucht hat. Etwas »Show« an den Rändern, ansonsten »harte Fakten«, die möglichst auf Empirie basieren oder zumindest einen genauen Überblick über die gesamte Fachlandschaft erkennen lassen. Der eigene Einfluss auf die Forschung wird in der Regel (noch) nicht diskutiert – einerseits methodisch (nicht zur eigenen Hypothese passende Ergebnisse werden nicht selten als »Fehler« erkannt und aus der Ergebnisdarstellung ausgeschlossen), andererseits in Hinblick auf die eigenen Grundannahmen und gesellschaftliche Prägungen, etwa, wenn man schon vor der biologischen Geschlechterforschung voraussetzte, dass es nur zwei Geschlechter geben könne.

Eine solche auf gewohnten Wegen eingefahrene Sicht herauszufordern, ist nicht einfach. Dass ich einen Zugang zu Literatur finden konnte und ein Stück weit den Weg des »naiven Biologen« verlassen habe, daran hat Salih Alexander Wolter einen nicht unwesentlichen Anteil. Seit nunmehr fast 20 Jahren kennen wir uns, seit er sich auf der Bundesebene und ich mich auf der Landesebene für die damalige PDS (Partei des Demokratischen Sozialismus) schwul und feministisch zu engagieren begonnen hatten. Von queer konnte damals noch keine Rede sein und ich entsinne mich, wie ich mich beim Bundestreffen, bei dem es um die neue Namensgebung ging, für die Benennung als »Arbeitsgemeinschaft pervers« stark machte und – zunächst – gegen »Arbeitsgemeinschaft queer« wandte, da ich die aufrüttelnde Wirkung, die der englischsprachige Begriff queer in sich trägt, für den deutschsprachigen Raum nicht sah. Hier müsste queer als »quer« missverstanden werden und würde man Interessierten lange erklären müssen, worum es sich eigentlich handele. Ich folgte der Mehrheitsentscheidung für »Arbeitsgemeinschaft queer« und engagierte mich fortan konsequent – dafür gibt es schließlich demokratische Entscheidungen – gemeinsam mit anderen Beteiligten, gerade auch mit Salih, für die Bekanntheit des theoretischen Konzepts queer und mittlerweile für seine Fortentwicklung.

Kurz darauf setzte sich Salih, mit der damaligen Co-Bundessprecherin Ingrid, dafür ein, dass wir von der Bundesebene den unbedingten und großzügigen finanziellen Zuschuss für die Regenbogentour im Jahr 2002 erhielten, die »[q]ue(e)r oder ganz normal anders«, wie die *Freie Presse Zwickau* in der Ausgabe vom 10./11.8.2002 titelte, durch Sachsen lief und bei der wir nach dem großen Hochwasser in Sachsen schließlich halfen, überschwemmte Grundstücke von Wasser, Schlamm und angeschwemmtem Unrat oder zerstörten Gegenständen zu befreien und dennoch abends bei Veranstaltungen für vielfältige Lebensweisen warben (vgl. u. a. Just be gay, 2002). Mit Solidarität lässt sich einiges erreichen – wir haben sie für die Regenbogentour erfahren, und auch für den ersten Leipziger CSD, der noch ganz grundständig von einer Handvoll Leute (unter anderem von der Leipziger Rosalinde, der Leipziger Frauenkultur und der AG queer bei der PDS Sachsen) organisiert wurde und im Jahr 2003 stattfand. Daneben standen – leider noch heute hochaktuelle – Themen wie medizinische Gewalt gegen intersexuelle Menschen, Kinderprostitution im deutsch-tschechischen Grenzgebiet, Homosexualität als Asylgrund und Streiten gegen Rechts Anfang der 2000er auf der Tagesordnung.

Abb. 1: Werbung zur »Regenbogentour queer durch Sachsen« der dann schon umbenannten »Arbeitsgemeinschaft queer bei der PDS Sachsen«, 2002.

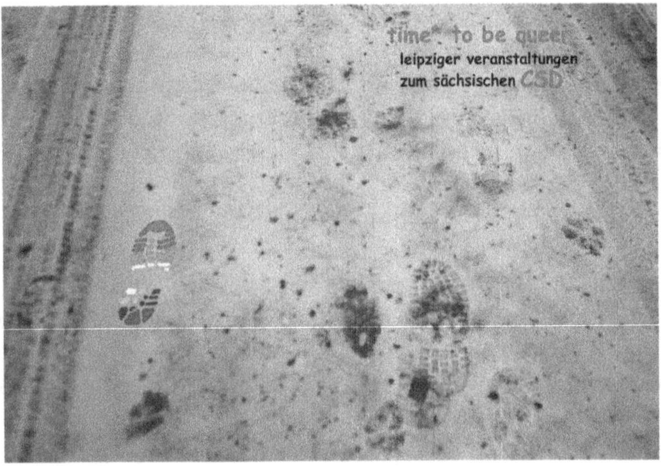

Abb. 2: Vorderseite der Postkarte zur Leipziger CSD-Veranstaltungswoche im Jahr 2003.

Auf Bundesebene ging es seinerzeit gerade darum, ob mit der »eingetragenen Lebenspartnerschaft« ein Sondergesetz für Lesben und Schwule eingeführt werden sollte oder ob weitreichendere Konzepte Umsetzung finden könnten, bei denen eine Öffnung der Ehe mitgedacht wurde (»Wer heiraten will, soll heiraten …«), aber die Gleichstellung aller Lebensweisen zentral war. In der damaligen Aushandlung machten sich Salih und Ingrid sowie die gesamte Bundesarbeitsgemeinschaft queer der PDS für das von Chris Schenk (PDS) protegierte Modell der Wahlfamilien stark (vgl. Wolter, 2002). Es setzte sich nicht durch, sondern es dauerte noch bis 2017, bis die allgemeine Öffnung der Ehe für gleichgeschlechtliche Partner_innen in Deutschland kam und nun punktuell – mehr aber von der Partei Bündnis 90/Die Grünen als von Die Linke – über ein Wahlfamilienmodell diskutiert wurde (vgl. Voß, 2013). Aushandlungen schweißen zusammen und so sind Salih und ich seitdem beste Freunde, auch wenn wir beide – aus verschiedenen Gründen und zu unterschiedlichen Zeitpunkten – aus der Partei Die Linke/PDS ausgetreten sind. Das direkte gesellschaftliche Engagement ging und geht freilich weiter, etwa bei Demonstrationen gegen Rechtsextremismus oder als es noch 2010/11 im Berliner Bündnis »Rechtspopulismus stoppen« gelang, die bürgerlichen Bestrebungen nach der Etablierung einer rechtspopulistischen und rechtsextremen Partei durch massive Proteste gegen »Die Freiheit« und »Pro Deutschland« zu konterkarieren. »Die Freiheit« und »Pro Deutschland« fanden in Berlin keinen Treffort und konnten sich auch bundesweit nicht etablieren – die »Alternative für Deutschland« (AfD) war hingegen kurze Zeit später erfolgreich, lanciert weitgehend von allen Medien, noch bevor sich die AfD überhaupt gegründet hatte. Die vorauseilende Medienberichterstattung war der eigentliche Skandal und Kennzeichen dafür, dass es ein größeres Begehren in der bürgerlichen Mitte der Gesellschaft nach einer solchen Partei gab.

Parallel zum gemeinsamen gesellschaftlichen Engagement gingen Salih und ich auch inhaltlich weiter – und lernte ich durch die feinen Anregungen des Lektors, der Salih auch ist, Zugänge zu philosophischen und literarischen Texten. In Feinheiten zeigen sich unsere gemeinsamen Diskussionen in meiner Dissertation. Nach der anregenden Lektüre des Bandes *Goethes herrlich leuchtende Natur* (Schmidt, 1984), auf den mich Salih aufmerksam gemacht hatte, befasste ich mich viel ausführlicher mit Philosophie, auch solcher, die über direkte naturwissenschaftliche und naturphilosophische Betrachtungen hinausreicht: Spinoza, Descartes, Marx etc., das wunderbare Werk *Von Thales bis Platon* (Seidel, 1980), das – genau wie die frühen Arbeiten zu Ibn Sīnā (u.a. Bloch, 1952; Ley, 1953; DSF, 1952; Brentjes & Brentjes, 1979) und die hervorragenden medizinhistorischen Arbeiten (u.a. Kaiser & Völker, 1987) – Kennzeichen der Leistungsfähigkeit der Wissenschaft in der eigentlich doch kleinen und in vielen Teilen zu bürgerlich kleinkarierten Deutschen Demokratischen Republik (DDR) war. In meiner Dissertation (Voß, 2010) ist der fruchtbringende Austausch zwischen Salih und mir etwa in Fußnote 54 – »Sexualverkehr von jungen Männern (ab dem einsetzenden Bartwuchs, Epheben) mit (meist) unwesentlich älteren Männern in den Zwanzigern« – nachzulesen, ebenso in den (noch knappen) Reflexionen zum arabischen Mittelalter und zu Spinoza, Descartes und Marx. Marxistische Reflexionen sind darauf aufbauend deutlicher in *Geschlecht: Wider die Natürlichkeit* (Voß, 2011) eingegangen.

»Angeregt durch den Lektor« – diese Formulierung trifft ganz gut, wie ich dann auch zu schwuler Literatur kam. Und Salih Alexander Wolter würde hinzufügen, dass auch er von offenherzigen und interessierten Menschen – zentral durch Frauen, wie er in der Regel ergänzt – zur Befassung mit der einen oder anderen Theorie und der Verfeinerung seines Könnens angeregt wurde. Als ich *Querelle* von Jean Genet das erste Mal las, bewirkte das Buch gewiss das, was der Autor damit beabsichtigte. Gleichzeitig erlebte ich das, was im verknöcherten Deutschunterricht der Schule nicht passierte: Ich merkte, wie schöngeistige Literatur zu neuen Gedanken anregen kann, wendete mich Gore Vidal zu (u.a. *Geschlossener Kreis*), Ronald M. Schernikau (u.a. *Tage in L, Königin im Dreck*), Hubert Fichte (u.a. *Hamburg Hauptbahnhof*) und schließlich Perihan Mağden (*Ali und Ramazan*; vgl. Voß, 2012), Miro Sabanovic (*Fluchtversuche*, hg. von Hans Peter Hauschild; vgl. Voß, 2008) und dem eingangs erwähnten Michał Witkowski *(Lubiewo)*. Alle Autoren und die Autorin haben bei mir ihre Spuren hinterlassen. Besonders beeindruckt hat mich Juan Goytisolo, einerseits mit seinen Ausführungen im Buch *Die Marx-Saga*, das wegweisend in meinen Band *Geschlecht: Wider die Natürlichkeit* (Voß, 2011) eingegangen ist, andererseits mit seiner eigentlich simplen Feststellung, die er trifft, als er immer mehr Graffiti in türkischer Sprache in seiner Umgebung in Paris feststellt: Er kommt zu dem Schluss, dass er Türkisch lernen muss, wenn er in seinem Stadtviertel weiterhin integriert sein möchte (vgl. ausführlicher zu Goytisolo, Genet, Fichte und Mağden die Beiträge von Salih Alexander Wolter in diesem Band). Die Beschäftigung mit Guy Hocquenghem für die Herausgabe des Bandes *Die Idee der Homosexualität musikalisieren* (Voß, 2018) führte mich noch deutlicher an die Verschränkung von Aktivismus, Literatur und Theorie heran. Es fußt auch auf der dauerhaften gemeinsamen theoretischen Arbeit von Salih und mir, als deren Ergebnis unter anderem die Bücher *Queer und (Anti-)Kapitalismus* (Voß & Wolter, 2013) und *Intersektionalität: Von der Antidiskriminierung zur befreiten Gesellschaft?* (Sweetapple et al., 2020) entstanden sind.

Ohne Aktivismus und ohne Anregung durch andere kann man nicht weiterkommen – das ist meine feste Überzeugung. In diesem Sinn würde ich mich freuen, wenn ihr als Lesende euch von den folgenden Perspektiven auf Literatur, die auch selbst durchaus literarisch zu lesen und die biografisch eingebettet sind, anregen lassen würdet. Zum Weinen war mir zumute, als ich in einem unserer Studiengänge in Merseburg bei der Vorführung und Diskussion zum Film *Un chant d'amour* (1950, dt. *Ein Liebeslied*) von Jean Genet dazu aufgefordert wurde, eine »Triggerwarnung« zu bringen, nur weil verschiedentlich auch ein nacktes Glied sichtbar wurde; ebenso als die Hälfte der Kino-Besucher_innen im Jahr 2015 beim Film *Stadt der verlorenen Seelen* von Rosa von Praunheim das Merseburger Domstadtkino verließ – ein Film, der in den 1980er Jahren im ZDF-Nachtprogramm ausgestrahlt worden war. Ein Beitrag über den Film *Stadt der verlorenen Seelen*, den er 21-jährig im Frühjahr 1983 im Berliner *tip*-Magazin veröffentlichte, war dabei übrigens auch Salihs Einstieg in die bezahlte schreibende Arbeit. Selbstverständlich müssen »wir« uns durch andere Perspektiven herausfordern lassen. Warum rufen heute etwa der Film von Genet aus dem Jahr 1950 und der von Praunheim aus dem Jahr 1983 solchen Widerstand hervor?

Lesen und sich anregen lassen

Einen Weg zu – schwuler – Literatur zu finden kann neue Perspektiven eröffnen. Aus eigener Erfahrung weiß ich, wie produktiv Salih Alexander Wolter zu solchen Beschäftigungen anregen kann. Das wird auch aus den in diesem Band versammelten Aufsätzen deutlich. Sie haben einen engagierten, aktivistischen Ausgangspunkt – sie sind in vielen Fällen in einer ersten Fassung in dem unabhängigen lesbischen und schwulen Magazin *Rosige Zeiten* aus Oldenburg erschienen. Und sie sind biografisch eingebunden, wie besonders kraftvoll aus dem – hier erstmals auch englischsprachig in der Übersetzung von Christopher Sweetapple veröffentlichten – Beitrag *Ain't It War? Queer Nation Building in Berlin-Schöneberg* deutlich wird. Die aktuellen Auseinandersetzungen in der deutschen Gesellschaft, aber auch in der deutschen schwulen Szene richten sich darauf, wie offen man dort auch für Personen ist, die von Rassismus, Antisemitismus betroffen sind. Noch offen ist, ob die schwule Community in Deutschland dauerhaft an den rechtspopulistischen Motiven des »bedrohlichen Arabers« und »barbarischer Juden« (erinnert sei an die Debatte zur Vorhautbeschneidung) mitschreiben wird.

Sieht man auf die literarischen Beiträge der in diesem Band versammelten Autor_innen, dann wird es mehr um ein Miteinander gehen. »Schwul« würde inklusiv entwickelt werden, sodass sich religiöse und atheistische Personen, mit christlichem, muslimischem, jüdischem Hintergrund, gleichermaßen aufgehoben fühlten. Hubert Fichte sah in der »Verschwulung« einen Zugang zu einer offenen, menschenfreundlichen Welt, die Menschen gerade nicht vor- und aussortiert: »Ich kann mir die Freiheit, wenn ich ehrlich bin, nur als eine gigantische, weltweite Verschwulung vorstellen …« (Fichte, 1979 [1971], S. 221) Sowohl Fichtes als auch Genets und Goytisolos Arbeiten haben einen wichtigen Ausgangs- und Innovationspunkt in den sexuellen Erlebnissen, die die Autoren selbst mit »Arabern« gemacht haben. Sicherlich scheint hier noch die klare Abgrenzung und Identifizierung einer Gruppe auf, aber sie ist – oder wird den Autoren zusehends – bewusst und sie sehen in den Gruppenzuschreibungen ein Problem, das aus Rassismus und Kolonialismus erwachsen ist. Salih Alexander Wolter arbeitet das für Genet, Goytisolo und

Fichte heraus; anschaulich wird es im Beitrag zu Yıldız, der in *Fucking Germany* die sexuellen Aktivitäten beschreibt, für die er von Freiern bezahlt wurde und die Einblicke in deren sexuelle Fantasien eröffnen. Deutlich wird, wie der Kolonialismus und der Rassismus auch in sexuelle Fantasien Eingang gefunden hat – auch die sexuellen Wünsche sind politisch und können nicht außerhalb der aktuellen kapitalistischen gesellschaftlichen Ordnung gedacht werden.

Ein zweites Motiv, das sich durch die Arbeiten der hier versammelten Autor_innen zieht, ist die sexuelle Offenheit – oder, besser gesagt, der »Möglichkeitsraum«. Sie alle gehen nicht von einer fixen schwulen Identität aus, sondern führen gerade auch sexuelle Möglichkeiten aus, die sich ergeben, wenn Männer Umgang miteinander haben. Selbst die »unschuldige« sportliche Betätigung zwischen Männern, das Ringen und der Wettstreit, erweisen sich als sexuell aufgeladen. Das macht Salih Alexander Wolter am Beispiel von *Querelle* für Genet deutlich:

> »Sich lieben wie zwei sich prügelnde (nicht kämpfende) junge Boxer, die, bevor sie getrennt werden, einander das Hemd zerreißen und die, wie sie nackt sind, verwundert über ihre Schönheit, glauben, sich in einem Spiegel zu sehen. […] [W]ie sich zwei Kämpfer im griechisch-römischen Ringkampf umschlingen; während ihre Muskeln genau in die Nahtstellen der Muskeln des anderen einhaken, stürzen sie hin auf den Teppich, bis ihr lauwarmer Samen, hochspritzend, eine Milchstraße auf den Himmel zeichnet, in die sich andere Sternbilder einschreiben, die ich zu lesen verstehe: das Sternbild des Matrosen […]« (Genet, 1975 [1943/1944], S. 35).

Im Anschluss zeigt er es auch in Bezug auf die Schöneberger Realität rivalisierender Heranwachsender.

Gleichzeitig weist uns Salih Alexander Wolter auf ein weiteres Motiv hin, das dritte und letzte, das ich hier erwähnen möchte. Es ist für die Verschränkung von Literatur und Wissenschaft besonders wichtig. Zwischen den literarischen Beschreibungen und den theoretischen Ausarbeitungen einerseits von Gilles Deleuze, andererseits von Michel Foucault stellt er Bezüge her. Etwa Foucaults Diskurs-Beschreibungen werden im Licht der Ringkampf-Szene bildhaft: Ein Diskurs ist gekennzeichnet von den miteinander streitenden Ansätzen, erst im Miteinander entstehen auch die genaueren Bestimmungen der Positionen. Ohne einander sind die jeweiligen Diskurspositionen hingegen gar nicht denkbar. Auch Foucault hat sich von Literatur anregen lassen, das wird aus seinen Arbeiten deutlich. Neuartige wissenschaftliche Perspektiven lassen sich gerade im Rückgriff auf Literatur und aus der Verschränkung von Literatur, Aktivismus und Theoriebildung schöpfen.

In diesem Sinne möchte ich Sie und euch einladen, euch auf die folgenden Beschreibungen einzulassen. Lasst euch zu neuen Perspektiven anregen!

Geflügelte Penisse, polyglotte Inschriften

Ein kurzer »Klappentext«

Das Cover des vorliegenden Bandes zeigt das Blatt einer Tür, die in einem öffentlichen Pissoir im alten Westberlin hing. In der zweiten Hälfte der 1970er Jahre, als ich schon in der Pubertät war, gab es in der Stadt viele solcher traditionsreichen Orte, die ich mit meinem Rad umrundete und verstohlen miteinander verglich, geheimnisvoll angezogen von den Bedürfnissen, die dort offenbar befriedigt werden wollten. Man nannte sie leger »Klappen«, wie ich erfuhr, als ich bald auch die aus der Schwulenbewegung heraus geschaffenen neuen Treffpunkte für mich entdeckte und allmählich etwas über »unsere« Geschichte und Kultur zu lernen begann.

Im Innern der Klappen sah es überall so ähnlich aus wie hier, sie waren funktional und in gewisser Weise poetisch zugleich: die glatten Flächen von oben bis unten mit hingekritzelten Kontaktwünschen und hastig gezeichneten Schwanzbildern bedeckt, und manchmal gab es ein unbeholfen herausgeschnitztes Loch zum Durchstecken des Genitals in die Nachbarkabine. Dennoch ist die auf dem Buchtitel gezeigte Klotür – sie stammt übrigens aus der früheren Herrentoilette am Mehringdamm in Berlin-Kreuzberg[1] – etwas Besonderes. Schließlich hat sie es im heutigen Deutschland zu einer gewissen kulturellen Weihe gebracht, da sie ein Prunkstück der zu Recht hochgelobten und vielbesuchten Ausstellung »Homosexualität_en« war, die das Deutsche Historische Museum in Zusammenarbeit mit dem Schwulen Museum 2015 in der Bundeshauptstadt zeigte – und ich danke Letzterem dafür, dass wir die Abbildung für das vorliegende Buch verwenden dürfen.

1 Mail des Schwulen Museums Berlin vom 24.11.2015 an den Verfasser.

Die Begegnung mit diesem Exponat weckte in mir nicht nur mehr oder weniger sentimentale Erinnerungen an mein tastendes »schwules Erwachen« bald 40 Jahre zuvor – immerhin hat es in den Klappen oft ziemlich eklig gerochen –, sondern warf für mich auch beunruhigende Fragen auf. Denn was bedeutete es, wenn ein Abort, der zugleich ein Sehnsuchtsort gewesen war, hier und jetzt so »repräsentativ« vorgeführt werden konnte? Hieß es, dass etwas, was für mein Leben – und für das von Generationen von Schwulen zuvor erst recht – einmal sehr wichtig war, nun als Relikt aus einer endgültig überwundenen Vergangenheit zu gelten hatte – seht, so traurig ging es zu, als »wir« uns noch nicht voll und ganz auf die Forderungen nach gleichberechtigter Ehe samt kirchlichem Segen und Kinderaufzucht sowie Karriere bei der Bundeswehr verlegt hatten? Oder konnte es, umgekehrt, vielleicht sogar ein verlockendes Erinnerungszeichen gegen diese bedrückende Normalisierung sein?

Zwei in Berlin gehaltene wissenschaftliche Vorträge halfen mir in der Folge – weniger, definitive Antworten auf diese Fragen zu finden, als vielmehr das darin implizierte »Entweder-oder« zu verwerfen:

Marc Siegel gab im Juli 2017 auf einem Symposium an der Humboldt-Universität zu den 1970er Jahren als »goldenem Zeitalter« queerer Sexualpolitik in (West-)Deutschland eine *keynote address.* Er erinnerte darin an die Parole »Raus aus den Toiletten, rein in die Straßen!« aus Rosa von Praunheims öffentlich-rechtlich produziertem Film *Nicht der Homosexuelle ist pervers, sondern die Situation, in der er lebt* von 1971, mit dem die Geschichte der zweiten deutschen Schwulenbewegung begann – um dann vom öffentlichen Pissoir her deren queere Gegengeschichte zu umreißen. Er schlug vor, die mit diesem Ort verbundene *queer culture* als eine Form des Widerstands nicht nur *vor* der »Schwulenbefreiung«, sondern auch *während* der Zeit, als diese zur »Erfolgsgeschichte« wurde, zu verstehen. Dem in Praunheims Film geäußerten Vorwurf, die »Pissbudenschwulen« reduzierten Schwulsein auf Sex, entgegnete er, umgekehrt würde die Politik schwuler »Sichtbarkeit« und »Identität« jedweden mann-männlichen Sex auf ein festgelegtes Konzept von Schwulsein einengen.[2]

Und mein bester Freund Heinz-Jürgen Voß, gemeinsam mit Zülfukar Çetin Autor des Bandes *Schwule Sichtbarkeit – schwule Identität. Kritische Perspektiven* (2016), hielt im Schwulen Museum im Januar 2018 den Vortrag »›Auf der Suche nach einer verrufenen Klappe …‹ Von Klappen und heutigem queeren Widerstand«, in dem er seinerseits auf Siegel einging und den Gleichklang verstärkter polizeilicher Repression gegen die althergebrachte queere Kultur mit der zunehmenden gesellschaftlichen und staatlichen Anerkennung »schwuler Identität« im Sinn von »Ehe (und Kinder) für alle« herausarbeitete.[3] Dabei nahm er im Titel die Worte auf, die Guy Hocquenghem am Anfang seines gemeinsam mit Lionel Soukaz 1979 gedrehten Episodenfilms *Race d'Ep* über »ein Jahrhundert von Bildern der Homosexualität« aus dem Off spricht (vgl. Hocquenghem, 2018 [1979], S. 29). Die Auseinandersetzung über »Respektabilität« versus Verworfenheit »der« Schwulen (vgl. Hocquenghem, 2018 [1976]) scheint demnach so alt zu sein wie die Erfindung dieser »Spezies« selbst.

Es geht für mich also darum, diese Ambivalenz auszuhalten. Die Klappe steht für eine ältere schwule Lebensweise, deren Reste ich noch mitbekommen durfte – und deren Untergang in einer Gesellschaft, in der »jeder nur noch in seiner Klasse fickt«, wie es Hocquenghem vorhersah (vgl. ebd., S. 104) und wie es heute durch Grindr und Co. erreicht zu sein scheint, mich

---

2 Vortrag *Queers Give Me Pause* von Prof. Dr. Marc Siegel im Rahmen des Symposiums »A Golden Age for Queer Sexual Politics? Lesbian and Gay Literature and Film in 1970s Germany« im Festsaal der Berliner Humboldt Graduate School am 21.7.2017; nach privater Mitschrift.

3 Vortrag »›Auf der Suche nach einer verrufenen Klappe …‹ Von Klappen und heutigem queeren Widerstand« von Prof. Dr. Heinz-Jürgen Voß im Schwulen Museum Berlin am 25.1.2018; nach privater Mitschrift.

traurig macht. Dabei weiß ich natürlich – und weiß es auch zu schätzen –, dass ich mich relativ frei entfalten durfte und darf – was allerdings nicht von der zweiten deutschen Schwulenbewegung unter großen Opfern »erkämpft« werden musste wie etwa in den USA, sondern in der sozialliberalen Modernisierung des Kapitalismus in der Bundesrepublik ohnehin vorgesehen war.

Von diesen Überlegungen her habe ich mir eine Reihe meiner Aufsätze aus den letzten zehn Jahren noch einmal genau angeschaut und lege Ihnen und euch einige davon hier – überarbeitet, wo es nötig war, und erweitert, wo es mir sinnvoll schien – in einem Auswahlband vor. Ausgangspunkt sind dabei für mich drei Schriftsteller, die ich zum Teil schon lese, seit ich vor Jahrzehnten als Teenager auf meinem Rad um westberliner Bedürfnisanstalten kurvte. Hubert Fichtes Roman *Detlevs Imitationen »Grünspan«* (1979 [1971]), mit der Vision von der allgemeinen »Verschwulung«, gab mir seinerzeit – noch in der gebundenen Ausgabe – eine wohlmeinende Deutschlehrerin, und auf Jean Genets RoRoRo-Band *Notre-Dame-des-Fleurs* (1975 [1943/1944]) stieß ich im linken Buchladen meines Vertrauens; Juan Goytisolo, der mir so wichtig werden sollte, entdeckte ich dagegen erst in den 1980er Jahren in Paris. Alle drei sind auf je eigene Weise »klappenaffin«:

So wählt Genets ebenso schöner wie skrupelloser Seemann Querelle, als er minutiös den Raubüberfall auf seinen Schiffsoffizier Seblon, der ihn heimlich liebt, durch den wegen Mordes gesuchten Bauarbeiter Gil plant, um Letzteren bei dieser Gelegenheit der Polizei auszuliefern, nicht zufällig ein bestimmtes »kleines Pissoir« in Bahnhofsnähe als Tatort. Vielmehr kann er davon ausgehen, »der Leutnant würde sicherlich hier vorbeikommen« (Genet, 2011 [1947], S. 183). Im Roman von 1947 bedarf dieses Detail keiner weiteren Erläuterung, sondern der Schauplatz der Travestie – Gil tritt als Matrose verkleidet auf – wird ganz beiläufig mitgeteilt und erscheint auf Anhieb einleuchtend. Folgerichtig zeigt Rainer Werner Fassbinder 1982 in der filmischen Übersetzung des *Querelle* in die kulturellen »schwulen« Codes seiner Zeit – die sich hier mit meiner Jugend überschneidet –, in einer neonblau wie eine alte westberliner New-Wave-Bar ausgeleuchteten kurzen Sequenz Seblon, nach seiner wahren Liebe schmachtend, als gewohnheitsmäßigen Besucher von Bahnhofstoiletten.

Goytisolo wiederum lässt eine Schlüsselszene seines Meisterwerks *Rückforderung des Conde don Julián* aus dem Jahr 1970 in einem »altmodischen« Urinal in Tanger stattfinden. Dort wird der Erzähler konfrontiert mit der

> »fragwürdigen Feuchtigkeit, die den Gang entlangrinnt und die schmutzigen Wände abblättern läßt, die mit Zeichnungen verziert sind: geflügelte Penisse, männliche Kugeln, phallische Artillerie: Bastionen, die sich plötzlich ergeben, freundliche, aufnahmebereite Tabernakel: dazu, wie auch nicht?, polyglotte Inschriften: [...] nächtliche Bitten, heimliche Gebete, von eiliger, verstohlener Hand hingekritzelt: mit Bleistift, Feder, Kugelschreiber oder Messer: [...] sie wiederholen sich, sind, unabhängig von Klima und geographischer Breite, immer die gleichen in diesen unentbehrlichen Tempeln, die der Meditation und Sammlung so günstig sind« (Goytisolo, 1986 [1970], S. 56).

Getroffen vom Strahl des Wassers, das er abschlägt, erscheint ihm unvermittelt sein missbrauchtes, klägliches, unterwürfiges Ich aus Kindertagen unter der faschistischen Diktatur, an dem er im Lauf des Romans gewissermaßen lustvoll Suizid begehen wird, denn »seine Vernichtung muß begleitet sein von den erlesensten Foltern« (ebd., S. 196) – um, das ist die Pointe, durch seine literarische Imagination ein freier Mensch und damit auch politisch selbstbestimmt handlungsfähig zu werden.

Fichte schließlich hat diese Orte, so wie ich sie seinerzeit noch kennengelernt habe, lebenslang erkundet und ihre Veränderungen in seinen Notizen seismografisch genau festgehalten, sei es am Hamburger Hauptbahnhof, am westberliner Bahnhof Zoo oder sonst wo in der Welt (vgl. Braun, 2005, S. 279f.). Es wäre aus meiner Sicht wünschenswert, diesen heute leider viel zu wenig gelesenen und viel zu oft beraunten Autor endlich aus der Perspektive der informierten Zeitgenossenschaft, die er selbst einnahm und die keine Berührungsängste gegenüber populären Medien kannte, wiederzuentdecken statt ihn durch immer esoterischer anmutende Dissertationsthemen – und deren immer geschraubtere akademische »Erledigung« – dauerhaft im germanistischen Elfenbeinturm wegzusperren.

Ich konnte Ende 2010/Anfang 2011 eine kleine »Serie« über Jean Genet, Juan Goytisolo und Hubert Fichte in der wunderbaren Zeitschrift *Rosige Zeiten* veröffentlichen. Diese Aufsätze, die die »Urform« der hier versammelten ersten drei Beiträge bilden, und vor allem die dafür nötige Relektüre der »behandelten« Autoren stellten für mich eine Art Zäsur dar.

Ich hatte mich bis dahin, ab dem Beginn der Nullerjahre, in der damaligen PDS und ihrer »Bundesarbeitsgemeinschaft queer«, engagiert und war danach, bis Ende 2010, als einer von wenigen Weißen in der Berliner queermigrantischen Selbstorganisation GLADT e. V., deren Mitglied ich auch heute noch bin, sehr aktiv. Nun – bevor ich mich gemeinsam mit Heinz-Jürgen Voß und anderen an theoretische Arbeiten machen konnte –, war es an der Zeit, meine Position als schon etwas älterer cis weißer Schwuler zu beschreiben und zu definieren. Das tat ich dann 2011 auf Einladung von GLADT-Mitbegründer Koray Yılmaz-Günay im Eröffnungsessay zu dem von ihm herausgegebenen Sammelband *Karriere eines konstruierten Gegensatzes: zehn Jahre »Muslime versus Schwule«. Sexualpolitiken seit dem 11. September 2001*. Und für den Titel des Beitrags, der im vorliegenden Buch auch in der schönen englischen Übersetzung von Christopher M. Sweetapple wiedergegeben wird, zitierte ich Hubert Fichte, der die später Vergessenen vom Anfang der AIDS-Krise in Westberlin erwähnt hatte und ihnen Namen gab, die zwar nicht so klangen wie »unsere«, aber mich an Menschen erinnerten, die ich damals sterben sah.

Das Andenken an sie bleibt mir Verpflichtung – und ebenso das an die US-amerikanischen »dissenters«, die mich in meinem schwulen Leben »erzogen« haben. Es waren zunächst vor allem trans* Menschen: PJ, mit der_dem ich 1982/83 in einer WG in Berlin-Schöneberg zusammenlebte und die_der als eine_r der Ersten in Deutschland mit dem damals noch so genannten »Schwulenkrebs« diagnostiziert wurde, ihre_seine beste Freundin Tara O' Hara, bekannt aus Praunheims Film *City of Lost Souls – Stadt der verlorenen Seelen* (1983), die ich später noch oft nachts im Metropol-Café am Schöneberger Nollendorplatz treffen sollte, bis man sie, nicht weit entfernt, in der Damentoilette eines Clubs in der Potsdamer Straße ins tödliche Koma prügelte, und Jayne County, die Stonewall-Veteranin, die beide in ihrem wundervollen Erinnerungsbuch *Man Enough to Be a Woman* verewigt hat (County, 1995). Und dann natürlich vor allem der New Yorker Romanist Richard Gardner (1952–2012), der in den 1970ern unter anderem an der legendären »SchizoCulture«-Ausgabe des Magazins *Semiotext(e)* mitgewirkt hatte, der die »French Theory« in den USA durchzusetzen half und mit dem ich seit Mitte 1985 mehr als ein Jahrzehnt lang mein Leben teilte. Heute vertritt am authentischsten mein Freund Christopher M. Sweetapple diese ebenso kritisch-wache wie lebenslustige Tradition von »American expats« in Berlin. Nach all dem, was ich von diesen Menschen lernen durfte, bestürzt mich die Feindseligkeit, mit der Queer Theory, Rassismuskritik und intersektionalen Ansätzen heute in Deutschland gerade auch aus der »Community« heraus begegnet wird, und ich hoffe, mit dem vorliegenden Buch klarmachen zu können, dass es da, aus einem ganz und gar »schwulen« Erleben heraus, eigentlich keine Probleme geben sollte.

Es trägt den Untertitel »Schwules Leben – schwule Literatur«, aber es ist natürlich keine Autobiografie. Von mir habe ich hier bewusst nur so viel preisgegeben, wie ich nötig finde, damit Sie und ihr das in den Aufsätzen gelegentlich genannte »Ich« situieren könnt. Ansonsten mögen bitte alle das ihnen bestmögliche Leben leben und sich dazu von der hier vorgeschlagenen Literatur inspirieren lassen.

Das Sternbild des Matrosen lesen

Wiederbegegnung mit Jean Genets *Querelle*

> »Sie alle vermuteten, daß da eine Welt war, zugleich verabscheuungswürdig und wunderbar, und daß es nur ein weniges bedurfte, diese Welt zu betreten: gerade so viel, wie es bedarf, bei einem Gespräch ein entfallenes Wort, von dem man sagt: ›Es liegt mir auf der Zunge‹, wiederzufinden.«
>
> *(Genet, 2011 [1947], S. 121f.)*

Die erste, deutlich kürzere Fassung dieses Textes wurde unter dem Titel »Die Kette – und das Schiff, das Meer, die ganze Welt. Zum 100. Geburtstag von Jean Genet« im November 2010 in der Zeitschrift Rosige Zeiten *veröffentlicht. Zu der hier vorliegenden Ausarbeitung regte mich, neben der zitierten neueren Sekundärliteratur, vor allem ein intensives Gespräch mit dem Künstler und queeren Aktivisten Aykan Safoğlu an, für dessen international mehrfach preisgekrönten Film* Kırık Beyaz Laleler – Off-White Tulips *(2013) über den Istanbul-Aufenthalt von James Baldwin ich die deutsche Übersetzung der Untertitel machen durfte.*

Ein heiliges Monster verweigert sich

»O, nein«, antwortete Jean Genet im Dezember 1975 – er war eben 65 geworden – auf die Frage des westdeutschen Schriftstellers Hubert Fichte, ob er ein revolutionäres Konzept der Sexualität habe (Fichte & Genet, 2002 [1981], S. 49). Dabei gilt das bis heute geradezu als ein Gemeinplatz über diesen *poète maudit*, der als Romancier in den 1940er Jahren aus dem »Rohstoff« subalterner Existenz eine Welt erschuf, die ganz von mann-männlichem Begehren erfüllt ist, und damit die spätere *gay culture* nachhaltig beeinflusste (vgl. ebd., S. 14). Ebenso verbreitet ist nach wie vor die Ansicht, die der Herausgeber der *ZEIT-Bibliothek der 100 Bücher* äußerte, als Genets *Querelle* 1980 in diese Shortlist der mutmaßlich bedeutendsten Literatur aller Zeiten für das linksliberale Bildungsbürgertum der alten Bundesrepublik aufgenommen wurde: dass nämlich die »Biographie des Autors [...] hier untrennbarer Teil des Werkes« sei (Raddatz, 1980).

»Ihr sagt, ich sei schwul – ich sage: Ich bin *der* Schwule«, gilt schließlich als das Credo dieses »heiligen Monsters« der französischen »Nachkriegsliteratur«, das 1952 von Jean-Paul Sartre, dem »Meisterdenker« der Epoche, in einer monumentalen Studie als *Saint-Genet* des Existenzialismus kanonisiert wurde. Da war die Handvoll Romane schon geschrieben – zum Teil im Gefängnis, sogar auf Toilettenpapier, wie gern kolportiert wurde –, denen der in Paris geborene ehemalige Fürsorgezögling, Stricher und Kleinkriminelle den Einsatz einiger der angesehensten Intellektuellen Frankreichs für seine Begnadigung verdankte, als ihm nach einem »Rückfall« (er hatte ein Buch gestohlen!) unbefristete Haft drohte. In diesen mit zahlreichen detaillierten sexuellen Fantasien ausgeschmückten Erzählungen aus seinem Leben »am Rand der Gesellschaft« – tatsächlich scheint einzig *Querelle* weitgehend »frei erfunden« – nutzte der Autodidakt alle Register des Französischen, vom drastischen Argot der »Tunten« seiner Zeit bis zum gesucht »hohen Ton« der Pléiade-Dichtung des 16. Jahrhunderts. So transferierte er die Marginalisierten in ein beinahe vollkommenes »Kunstschönes« – um dessen illusionären Charakter meist wenige Zeilen später durch Überlegungen zur Herstellung dieser Kunst zu verraten. Mit seiner »abweisenden, schönen, vergifteten Prosa« (Goytisolo, 1995 [1986], S. 181) wurde er einerseits bald weltberühmt – andererseits war sie nicht nur im Westdeutschland der Adenauer-Zeit immer wieder Gegenstand von Gerichtsprozessen wegen »Unzüchtigkeit«.[1]

1 Vgl. Herrmann (1962): Der Artikel handelt vom Prozess um Genets *Notre-Dame-des-Fleurs*, geht aber auch kurz auf die frühere gerichtliche Auseinandersetzung um *Querelle* ein – der Verleger konnte seinerzeit einer

International umstritten blieb der Autor auch in seiner zweiten kreativen Periode als Dramatiker. So provozierte *Der Balkon*, ein Stück, in dem die Machtinszenierungen im »Freiraum« eines Bordells und die in der äußeren Wirklichkeit einer erfolglosen Rebellion ineinander übergehen, bei der Uraufführung 1957 in London einen »Skandal«, obwohl noch alles »nur Theater« blieb. *Wände überall*, eine stundenlange Szenenfolge über die Gräuel des französischen Kolonialregimes in Algerien, folgte 1961 in Westberlin, wo sich die Zuschauer_innen Polizeikontrollen auf Volljährigkeit unterziehen mussten. Und unter dem Titel *The Blacks* brachte es dann am New Yorker Off-Broadway die Produktion seiner Groteske über den Rassismus, die nach seiner Anweisung ausschließlich von Schwarzen gespielt werden durfte, von 1961 bis 1964 auf über 1.400 Vorstellungen und verband sich dabei, wie es von Jean Genet ausdrücklich gewollt war, ganz direkt mit dem organisierten Kampf der US-amerikanischen Bürgerrechtsbewegung.[2] Schließlich wurde ebenfalls in New York 1964 die Premiere seines bereits 1950 gedrehten kurzen Stummfilms *Un chant d'amour*, einer homoerotischen Knastfantasie, zwar durch die Polizei beendet, stieß aber eine wegweisende Debatte über »Camp und Pornografie« an und inspirierte in den nächsten Jahren, neben vielen schlecht gemach-

---

Verurteilung nur entgehen, weil er die noch nicht verkauften Exemplare einstampfen ließ. Symptomatisch für den Geist der Adenauer-Republik ist sicher, dass die *Zeit* hier »Proben« der »obszönen« Kunst Genets nur im französischen Original zu zitieren wagte, obwohl die Übersetzung des betreffenden Werks gerade »freigegeben« worden war.

2 Der mit Jean Genet befreundete schwule Schwarze Romancier und Essayist James Baldwin besuchte regelmäßig die Proben zu *The Blacks*, zum Ensemble gehörte Maya Angelou, die mit dem charismatischen Schwarzen »Leader« Malcolm X zusammenarbeitete, und bei wichtigen politischen Ereignissen wurde der Text tagesaktuell im Sinn der Bürgerrechtsbewegung geändert (vgl. White, 1993 [1993], S. 539f.). Das zeigt, wie gründlich jene Priester_innen der weiß-deutschen »Hochkultur« Genet verfehlten, die vor einigen Jahren, entgegen dem Protest einheimischer Schwarzer Aktivist_innen, in Wien und Hamburg darauf bestanden, sein Stück, dem französischen Original folgend, als quasi sakrosankten Text im Zeichen des »N-Worts« zu zelebrieren.

ten Nachahmungen für den schwulen »Einhand-Konsum«, unter anderem auch das queere Kino von Andy Warhol entscheidend.[3]

Doch während Genets Werk die künstlerische Avantgarde des »Westens« anregte, verstummte er im weiteren Verlauf der 1960er Jahre nahezu. Er veröffentlichte fortan kaum noch etwas, lebte ohne festen Wohnsitz in kleinen Pariser Hotels oder bei seiner Wahlverwandtschaft in Marokko, wo er später auch – als »marokkanischer Arbeiter ehrenhalber«, wie sein Freund, der spanische Schriftsteller Juan Goytisolo, schrieb (Goytisolo, 1995 [1986], S. 181) – am Meer begraben wurde, und machte gelegentlich Schlagzeilen mit seinen politischen Parteinahmen für die Unterdrückten dieser Welt, etwa, als er illegal in die USA einreiste, um die Black Panthers zu unterstützen. Erst kurz vor seinem Krebstod 1986 stellte er noch einmal einen großen literarischen Text fertig: das Buch *Ein verliebter Gefangener* über seinen Aufenthalt bei palästinensischen Fedajin im Libanon.

Mit dem im Zug der sogenannten sexuellen Revolution seit den späten 1960er Jahren in den nordamerikanischen und westeuropäischen Metropolen aufkommenden neuen schwulen Selbstbewusstsein konnte er aber offenbar ebenso wenig anfangen (vgl. Bendhif-Syllas, 2010, S. 101f.) wie umgekehrt – folgt man einer kürzlich erschienenen Nachbetrachtung von Rüdiger Lautmann, einem der bedeutendsten deutschsprachigen Homosexualitätsforscher der letzten Jahrzehnte – dessen erste Protagonisten, zumal in Westdeutschland, mit ihm (vgl. Lautmann, 2018, S. 225). »Revolutionär – nein«, das sei die Sexualität für ihn nicht, wiederholte er jedenfalls in jenem Gespräch mit Fichte und fügte, scheinbar unvermittelt, hinzu: »Der Umgang mit Arabern hat mich im Allgemeinen meistens glücklich gemacht und mich befriedigt« (Fichte & Genet, 2002 [1981], S. 49f.).

---

3 Ebenfalls als »obszön« beschlagnahmt wurde damals Jack Smiths Film *Flaming Creatures*. Allen Ginsberg, Susan Sontag und andere bedeutende US-amerikanische Intellektuelle verteidigten in der anschließenden Debatte die Freiheit der Kunst (vgl. Sargeant, 2009 [1997], S. 108).

Keine Siegergeschichte

Der Literaturwissenschaftler Dirck Linck wendet sich in seinem Essay »Welches Vergessen erinnere ich?« gegen die im heutigen Homo-Mainstream verbreitete »Geschichtsschreibung der Sieger« (Linck, 2016, S. 11ff.). Unter Berufung auf Walter Benjamins *Geschichtsphilosophische Reflexionen* aus dessen Todesjahr 1940, die Paul Klees Bild des »Angelus Novus« aufnehmen, den der unaufhaltsame Sturm des Fortschritts rückwärts in die Zukunft treibt, warnt er vor der Fehleinschätzung, »mit dem Strom zu schwimmen«. Es gebe »nichts, was die Schwulenbewegung, was ›uns‹ in dem Grade zu korrumpieren vermag wie diese Meinung« (ebd., S. 12). Als Antidotum empfiehlt er die Lektüre von Jean Genets 1947 erschienenem *Querelle*:

> »Vielleicht kommt deshalb aus solcher Literatur der Luftzug, der die Fersen kühlt und uns an die Freiheit erinnert. Nicht an eine verlorene Freiheit, sondern an eine poetisch zu (er-)findende. Das ist nicht die Freiheit, die die Sieger meinen. [...] Weil er auf Psychologie verzichtete und die Schwulen nicht in die sittliche Ordnung einfügte, hat er – so Hubert Fichte – in Europa das Coming-out der Homosexuellen vorbereitet« (ebd., S. 36f.).

Meines bestimmt. – Lautmanns Referenzdatum ist 1971, als Rosa von Praunheims Film *Nicht der Homosexuelle ist pervers ...* herauskam und in der Folge unter anderem die Homosexuelle Aktion Westberlin (HAW) gegründet wurde. Die Bücher Genets hätten auf die neue Bewegung schon deshalb nicht wirken können, weil sie damals hierzulande nur in teuren gebundenen Ausgaben erhältlich waren (vgl. Lautmann, 1980, S. 226). Aber vor allem eigne sich seine Literatur einfach nicht zur Beförderung von »schwuler Emanzipation« als bürgerrechtlicher Anerkennung »sexueller Minderheiten« – er biete keine positiven Vorbilder für solch ein Unterfangen. Denn er habe »weder sich selbst noch seine Protagonisten in irgendetwas ›integrieren‹« wollen (ebd., S. 230), und sowieso fielen diese »eher in die Kategorie ›MSM‹ [Männer, die Sex mit Männern haben]« als in die der »selbstidentifizierten Schwulen, wie sie der Emanzipationsbewegung voranmarschieren« (ebd., S. 232).[4] Kurz, er war »ein sehr früher Autor der Intersektionalität (d. h. sexuelle, gender- und klassenmäßige, ethnische sowie politische Randstellungen überschneiden einander). Hierin glich er James Baldwin« (ebd., S. 236). Doch als ich mich mit 16 Ende Januar 1978 während des großen TUNIX-Treffens der »Spontis« zum ersten Mal ins Schöneberger Schwulenzentrum traute – eine freundliche Hinterlassenschaft der HAW, die ihre politische Tätigkeit schon wieder eingestellt hatte, gerade auch an uns etwas Jüngere –, hatte mich Jean Genets Debütroman *Notre-Dame-des-Fleurs* von 1943, den es inzwischen als günstiges Taschenbuch gab, längst ergriffen. Und in diesem Buch kündigte er bereits den *Querelle* an:

> »Sich lieben wie zwei sich prügelnde (nicht kämpfende) junge Boxer, die, bevor sie getrennt werden, einander das Hemd zerreißen und die, wie sie nackt sind, verwundert über ihre Schönheit, glauben, sich in einem Spiegel zu sehen. Sie stehen eine Sekunde lang mit offenem Mund da, schütteln ihr zerzaustes Haar, lächeln sich – wütend darüber, in die Falle gegangen zu sein – mit einem feuchten Lächeln zu und umschlingen einander, wie sich zwei Kämpfer im griechisch-römischen Ringkampf umschlingen; während ihre Muskeln genau in die Nahtstellen der Muskeln des anderen einhaken, stürzen sie hin auf den Teppich, bis ihr lauwarmer Samen, hoch-

4 Erinnert sei an den Spott des französischen radikalen Schwulenaktivisten und -theoretikers Guy Hocquenghem über die erste schwul-lesbische Demo der HAW, bei der man 1973 »auf dem Kurfürstendamm aufmarschiert [sei], ›um rosa Volkswagen zu fordern‹« (zit. n. Voß, 2018, S. 16). Diese Kritik galt meines Erachtens nicht nur der sich schon abzeichnenden späteren »Marktorientierung« der damaligen Aktivist_innen (ebd.), sondern auch ihrem Wunsch, anerkannter Teil einer »deutschen Volksgemeinschaft« zu werden (vgl. Yılmaz-Günay & Wolter, 2013).

> spritzend, eine Milchstraße auf den Himmel zeichnet, in die sich andere Sternbilder einschreiben, die ich zu lesen verstehe: das Sternbild des Matrosen [...]« (Genet, 1975 [1943/1944], S. 35).

Diese erotische Szene birgt einen »philosophischen Kern« – oder vielmehr den erotischen Kern einer Philosophie, den ich erst Jahre danach bei Gilles Deleuze herausgeschält fand: In seinem *Foucault* argumentiert er, dieser Denker, der die Queer Theory so sehr beeinflusst hat, habe zeigen wollen, »wie das Innen stets die Faltung eines vorausgesetzten Außen ist« (Deleuze, 1987 [1986], S. 137), die »auftritt, wenn die Formen bereits verflochten sind, wenn die Kämpfe bereits im Gange sind«. Deleuze spricht davon, dass »die Falte des Außen ein Selbst konstituiert und das Außen selbst ein koextensives Innen« (ebd., S. 160), und führt aus, die »Bedingung einer Beugung der Kräfte« sei »mit der Kampfbeziehung zwischen freien Männern« entstanden, »das heißt mit den Griechen. Dort faltet sich die Kraft in ihrer Beziehung zur anderen Kraft auf sich selbst um« (ebd., S. 149).

Das lässt sich gelegentlich bei einem sommerlichen Spaziergang in Schöneberg, etwas abseits vom antiken Hellas ebenso wie vom heutigen »Homokiez«, leicht nachvollziehen: Zwei Halbwüchsige geraten in Streit, ein Wort gibt das andere, und schon wälzen sie sich – die T-Shirts nach oben verknüllt, die Jeans zum Zerreißen gespannt – auf dem Trottoir. Ineinander verschlungen entdecken sie das Spiel von Bewegung und Gegenbewegung. Im selben Moment, als einer der beiden, bäuchlings zwischen den Schenkeln des anderen von hinten in die Zange genommen, versucht, sich aufzubäumen, wirft dieser entschlossen den Oberkörper vor. Die trotzige Gebärde, die er niederhält, beschreibt dann genau den Bogen, in dem sich, mit von Schweiß glänzendem Rücken und bebenden Flanken, das Bild des Bezwingers vollendet.

Für mich scheint es heute offensichtlich, wie sehr Michel Foucaults Grundgedanken von der »schwulen Ästhetik« dieses

Werks beeinflusst waren. Zum Beispiel erzählt Jean Genet darin, die »Urszene« seines Romans variierend, wie Querelle und sein fast identisch aussehender Bruder Robert miteinander ringen – nun nicht auf einem Teppich, sondern auf der Straße:

> »Diese beiden Gesichter, die sich so haargenau glichen, hatten einen heldenhaften, ideellen Kampf für die Einheit entfacht, der körperliche Kampf war nur eine vergröberte Spiegelung in den Augen der Menschen. Es schien, als wollten sie sich nicht vernichten, sondern zusammenschließen und verschmelzen zu einer Einheit [...]. Ihr Streit glich eher einem Liebeskampf [...]. Doch ihr Bemühen stieß auf harten Widerstand. Wie sie sich auch wanden, kneteten, zerlegten, um sich gegenseitig zu durchdringen, einander zu verkörpern: Das Double wehrte sich« (Genet, 2011 [1947], S. 101f.).

Und Deleuze erwähnt zwar Genet in seinem Essay nicht einmal, verrät aber immerhin:

> »Oder vielmehr ist das Thema, das Foucault unablässig beschäftigte, das des Doubles. Das Double jedoch ist niemals eine Projektion des Inneren, es ist im Gegenteil eine Verinnerlichung des Außen. [...] Es ist niemals der andere, der in der Verdopplung das Double ist, ich bin es, der sich als das Double des anderen erfährt; ich begegne nicht mir im Äußeren, sondern ich finde den anderen in mir [...]« (Deleuze, 1987 [1986], S. 136f.).

Ein musikalischer Raum

»Seine ganze Seele wandte sich nun der Begegnung mit Querelle zu – Querelle, der [...] stark war, so stark wie hundert Millionen Menschen« (Genet, 2011 [1947], S. 140): Gil Turko, ein aus Polen nach Frankreich eingewanderter junger Arbeiter, hält sich im Bagno, der ehemaligen Strafkolonie von Brest, versteckt und lauscht dem »Gesang des Hafens« (ebd., S. 141). Der 18-

jährige Maurer hat einen älteren Kollegen getötet, der ihn erst umworben und dann dem Gespött der anderen Arbeiter preisgegeben hatte. Als sie der Polizei »von Gil erzählten, verliehen sie jedem seiner Wesenszüge, der an das, was sie von Schwulen wußten, erinnerte oder oberflächlich erinnern konnte, einen karikaturhaften Anstrich, der mit erschreckender Wahrheit das genaue Porträt eines Pupenjungen formte« (ebd., S. 122). Er ist auch für Querelles letzten Mord unter Verdacht gekommen, und dieser schöne Seemann, Räuber und Opiumschmuggler wird ihn schließlich lieben und verraten. Aber während Gil Turko jetzt den ganzen Tag lang allein hinter blickdichten Scheiben hockt und die durch die dicken Mauern des Bagnos gedämpften Hammerschläge und Rufe von den nahen Werften hört, macht er »die schmerzensreiche Bekanntschaft mit der Poesie«. Die Bilder der Freiheit, die in ihm aufsteigen, Bilder des Meeres und von einem Schiff, erreichen »[sein] Bewußtsein auf komplizierten Umwegen: Da war zunächst das typische Geräusch einer Kette zu hören«. Ob es denn möglich sei, »daß das Kreischen einer Kette die Maschinerie der Verzweiflung entfesselt, eine einfache Kette, deren Glieder im Innern verrostet sind?«, fragt der Erzähler sich und uns (ebd., S. 141). Doch in dem jungen Bauarbeiter zerriss

> »[d]as Bild der Kette [...] eine Faser, und der Riß vergrößerte sich, wurde zum Eingangstor für das Schiff, für das Meer, für die ganze Welt, um schließlich Gil zu zerstören. Das Bild verdrängte ihn, er stand außerhalb seiner selbst und hatte nur noch die Möglichkeit, in dieser Welt, die schneidend in ihn eingedrungen war, die ihn erdolcht und vernichtet hatte, zu existieren. [...] Er wurde zum Instrument dieser Musik, in ihm ertönte sie wieder« (ebd.).

Dem Plot nach nicht mehr als eine »drittklassige Kriminalgeschichte«, ist Jean Genets *Querelle* – wie der Filmemacher Rainer Werner Fassbinder schrieb – »vielleicht der radikalste Roman der Weltliteratur, was die Diskrepanz von objektiver Handlung und subjektiver Phantasie anbetrifft« (Fassbinder, 1982). Das Buch beginnt mit einem langen Abschnitt, in dem »wir uns einer wohlfeilen Poesie des Wortes überlassen«. Der Erzähler gibt bereitwillig zu, dass »jeder dieser Sätze [...] nur ein Argument für die Neigungen des Verfassers« ist (Genet, 2011 [1947], S. 7): Evokationen, wo wir sonst darauf eingestimmt werden, einem linearen Geschehen zu folgen.[5] Denn für *Querelle* »paßt das Wort Geschichte wenig, wenn es ein Abenteuer oder eine Reihe schon gelebter Abenteuer bezeichnen soll« (ebd., S. 17). Vielmehr nennt der Erzähler

> »[d]as Schauspiel, von dem wir berichten wollen, [...] die Transposition jenes Vorganges, den uns Querelle offenbarte. (Wir reden wieder von jener idealen, heroischen Persönlichkeit, der Frucht unserer geheimen Liebe.) Von diesem Vorgang können wir sagen, daß er der ›Heimsuchung‹ vergleichbar ist. [...] Und damit er Ihnen zugehöre und eine Romanfigur werde, muß Querelle außerhalb unseres Ichs gezeigt werden« (ebd., S. 18).[6]

Zugleich gilt es in den Rhythmus zu finden, der unsere Erwartung des Matrosen formt, sodass wir Querelle am Horizont ausmachen, ihn zu berühren meinen, von ihm berührt werden. Denn der Rhythmus ist, wie der Musikwissenschaftler Clemens Goldberg einmal erläuterte, »Vermittler zwischen Identität und Differenz«:

---

5 Dieses Verständnis des *Querelle* verdankt sich nicht zuletzt Gesprächen, die ich in den späten 1980er und frühen 1990er Jahren mit Clemens Goldberg hatte – wenngleich zu anderen Themen. Wenn ich mich im Folgenden mehrfach auf seine Habilitationsschrift beziehe, bin ich für meine Ableitungen daraus natürlich allein verantwortlich.

6 Mit »Heimsuchung« ist das biblische »Magnifikat« gemeint, in dem die schwangere heilige Jungfrau Maria der heiligen Elisabeth verkündet: »Meine Seele preist die Größe des Herrn,/und mein Geist jubelt über Gott, meinen Retter./Denn auf die Niedrigkeit seiner Magd hat er geschaut« (Lk 1,46–48 nach der Einheitsübersetzung).

> »[Er] steht unserem Körper, und damit der Situation vor der Erfahrung von Raum und Zeit, am nächsten. Er macht uns das Differente aber auch als ›außerhalb‹ spürbar, läßt uns nach der Sprache ausgreifen. Er wiegt den Körper in Gewißheit und befremdet ihn zugleich« (Goldberg, 1992, S. 60).

Als Fassbinder 1982 seinen durch Anleihen bei der Ästhetik der Lederschwulen hoch stilisierten Film *Querelle* drehte, besetzte er die Rolle des Seemanns mit Brad Davis, der ihn vier Jahre zuvor in dem fragwürdigen, weil mit rassistischen Klischees operierenden Hollywood-Streifen *Midnight Express* als junger weißer Amerikaner im türkischen Knast bezaubert hatte. Davis' Gesicht vermag auch wirklich – wie bei Genet das Querelles für Leutnant Seblon, seinen Schiffsoffizier, der sich ebenfalls nach ihm verzehrt – »die Trauer eines schönen, sehr starken und sehr männlichen Burschen« auszudrücken, »der wegen eines schweren Vergehens wie ein Kind eingefangen wird« (Genet, 2011 [1947], S. 80). Aber der Regisseur achtete darauf, »in keinem Moment seine Phantasie zur allgemeinen werden [zu] lassen«, sondern den Film »in jeder Phase als eine Möglichkeit der Beschäftigung mit bereits formulierter Kunst zu erkennen [zu] geben« (Fassbinder, 1982). Er konnte so einem literarischen Werk gerecht werden, das, während es Sprachbild an Sprachbild reiht, doch zugleich einer musikalischen »Spielanweisung« ähnelt. Diese bleibt stets offen für bisher noch nicht Gehörtes oder Verstandenes: »Sie spielt eine einmalige Erfahrung, ist aber Potential für Neues«, wie es Goldberg (1992, S. 157) formulierte.

Der Roman arbeitet mit zahlreichen Metaphern aus der Welt der Musik, etwa, wenn es heißt, als sich Querelle einmal an Deck vornüberneigt und dabei die Hände auf seinen Gürtel über dem Hosenlatz stützt, jener spanne sich »unter diesem Gewicht wie eine Saite« (Genet, 2011 [1947], S. 81). Aber schon die gesamte »Komposition« des *Querelle* weist in den *musikalischen Raum*, den Clemens Goldberg, angeregt von der Prozessphilosophie Alfred North Whiteheads und entgegen der traditionellen

Auffassung seines Fachgebiets als »Zeitkunst«, erkundet hat (Goldberg, 1992; vgl. auch schon Zuckerkandl, 1963, S. 314). Der Begriff verträgt sich gut mit dem des »Möglichkeitsraums«, den Jean Genet – Rüdiger Lautmann zufolge, der hier einen bevorzugten Ausdruck seines Schülers Heinz-Jürgen Voß aufnimmt – in seiner Prosa »für eine offen homosexuelle Existenzweise erweitert hat« (Lautmann, 2018, S. 225; vgl. Voß, 2018, S. 107 u. ö.), insofern ihm das durch die poetische Struktur dieser Prosa weit mehr noch als durch einzelne Schilderungen und Reflexionen auf diese gelang. Natürlich wusste er – wenngleich ein großer Bewunderer des symbolistischen Dichters Stéphane Mallarmé, der die gegenständliche Welt sprachlich überwinden wollte (vgl. Fichte & Genet, 2002 [1981], S. 55) –, dass letztlich »die Sprache nicht verschwinden lassen [kann], was sie selbst ins Dasein ruft« (Zuckerkandl, 1964, S. 97). Doch ist sie, wenn es sich um poetisch informierte Literatur handelt, »bei der Musik in die Lehre gegangen«, wie der Musikwissenschaftler Victor Zuckerkandl – auch er, wie Goldberg, ein Whiteheadianer – einst schrieb. Dann nämlich stehen »[n]icht nur Wort und Ton [...] in gegenseitiger Spannung, sondern innerhalb der Wortwelt selbst das musische und das bloß mitteilende Wort« (ebd., S. 95). Dabei geht es nicht, und schon gar nicht im *Querelle*, um falsche Romantik – vielmehr liegt der »Hörraum« nicht jenseits des »Sehraums« (vgl. ebd., S. 89f.), sondern ergänzt diesen und lässt eine andere Ordnung der Dinge möglich erscheinen als die, »wovon die Geometrie das Wissen ist« (ebd., S. 85). Die Welt ist dann für mich nicht mehr bloß »Gegen-Stand« – das, was mir *entgegen*steht –, sondern gleichzeitig »*Zu*-Stand«. Das heißt aber immer auch: *das mir Zustehende* (vgl. ebd., S. 92f.).

Die unerlaubten Träume

Es bedarf dessen, was Hubert Fichte später die »Empfindlichkeit« nennen sollte, um etwa aus einer alltäglichen Skizze wie dieser den Gestus genau aufzunehmen – ihn gleichsam »herauszuhören« –, der die unverkennbare Gestalt des Helden heraufbeschwört: »Seine Bewegung glich jenem Gefühl, das wir erleben, wenn wir in der Nacht, hinter der Wand eines Hotelzimmers, die erregte Stimme eines Jungen schreien hören: ›Lass mich in Ruhe, du Dreckschwein, ich bin erst siebzehn Jahre alt!‹« (Genet, 2011 [1947], S. 160). Dabei zeigt die Beschreibung, wie abhängig diese Empfindlichkeit vom jeweiligen Grad der Repression ist, denn der Schrei des »Jungen« ergibt Sinn erst vor dem historischen Hintergrund des 1942 vom Vichy-Regime, das mit Nazi-Deutschland kollaborierte, eingeführten besonderen »Schutzalters« für gleichgeschlechtliche sexuelle Beziehungen, das auch im von der deutschen Besatzung befreiten Frankreich bis 1982 bestehen blieb (vgl. Voß, 2018, S. 123, 126).

Querelle wird hier von dem zwielichtigen Polizisten Mario, der von seinem Verhältnis mit dem Bordellwirt Nono erfahren hat und ihn selbst begehrt, mit einem Messer bedroht. Alles beginnt mit einem anzüglichen Wortwechsel in der *Féria*, in die den Beamten offenbar mehr als die berufliche Neugier zieht. Hier trifft sich die »Unterwelt« von Brest, zu der auch Robert, der Bruder des Matrosen, gehört, ein Zuhälter und gegenwärtig der Geliebte von Madame Lysiane, Nonos Frau – die einzige bedeutende Frauengestalt in Genets Romanen, in Fassbinders Film unvergesslich von Jeanne Moreau, der Ikone der Nouvelle Vague der 1950er Jahre, gespielt –, die an der Kasse des Etablissements sitzt. Für die »braven Leute« der Stadt stellt dieses Lokal eine – wiederum »musikalische« – Verlockung dar: »Manchmal öffnete sich die Tür des Bordells um einen Spalt, dann quollen die Melodien des elektrischen Klaviers hervor; blaue Funkenspäne, Musikgewinde taumelten in die Finsternis und schlangen sich um Gelenke und Hälse der Arbeiter, die hier nur vorübergehen wollten« (ebd., S. 24).

Querelle geht mit Mario »vor die Tür« und liefert sich mit ihm einen Zweikampf, in dem sein Einsatz – wie es in einem sexistischen Vergleich heißt – »der Koketterie entsprach, durch die ein junges Mädchen, wenn es sich vor der Hingabe noch verweigert, seinen Wert erhöht« (ebd., S. 159). Im Grunde hat er sich längst entschieden und das gezückte Messer steigert seine Erregung nur noch: Lässt er sich, zur selbst auferlegten »Sühne« für sein jüngstes Tötungsverbrechen, von dem Puffbetreiber »nur« ficken, so wird er den Polizisten auch blasen – und sogar küssen. In der Darstellung dieser Beziehung zeigt sich besonders deutlich, dass Jean Genet das Gewebe von Unterdrückung und Auflehnung ähnlich verstand wie später Foucault. In diesem Sinn schreibt er über die ambivalente Haltung der Gesellschaft zur Polizei: »Man erwartet von ihr, daß sie den unerlaubten Träumen ein Filter sei und sie in ihrem Sieb zurückbehalte. So wollen wir es erklären, daß die Polizisten so sehr den von ihnen Verfolgten gleichen« (ebd., S. 66; vgl. Bendhif-Syllas, 2010, S. 216).

Kurz nach dieser Bemerkung erfahren wir, es handle sich bei dem heimlich in Querelle verliebten Schiffsoffizier – von dem uns zuvor einmal gesagt wurde, unter dem Personal des Buchs sei allein er der »lyrischen Bilder« fähig, »mit deren Hilfe wir sie in Ihnen verwirklichen und erstehen lassen wollen« (Genet, 2011 [1947], S. 22) – um den einzigen Schwulen in diesem Roman. Doch gleichzeitig wird ausdrücklich versichert, Seblon existiere »nicht in unserem Buch« (ebd., S. 67). Erhellend ist dazu der Hinweis von Jean Genets Biografen Edmund White, dass der Erzähler des *Querelle*, indem er wie im 19. Jahrhundert in der ersten Person Plural spricht, nicht nur auf den Apparat des traditionellen Romans deute, der im Text zugleich durchgehend demontiert werde, sondern »auch auf eine neue Beziehung zum Leser – eher auf das ›Wir‹ der Komplizenschaft als das Erzähl-›Ich‹ und das Leser-›Ihr‹ der früheren Romane in ihrer gegnerischen Beziehung« (White, 1993 [1993], S. 372).

Zweifellos treffen sich hier Kunst und Pornografie – zumindest wenn man mit dem US-amerikanischen Schriftsteller Gore Vidal realistischerweise annimmt, dass ein Porno »stärker als jede andere Form des Literarischen [...] nach ›Mitarbeit‹

des Lesers« strebt (zit. n. Mayer, 1988 [1975], S. 278). Wenn es Genet nicht interessierte, was die Schwulen von seinen Büchern hielten, so erkennt sein Freund Juan Goytisolo darin den Anspruch, diese nicht auf ihren vermuteten »Gebrauchswert« reduzieren zu lassen (vgl. Goytisolo, 1995 [1986], S. 149). Andererseits wendet sich das »Wir« des *Querelle* gleich im ersten Absatz »an die Invertierten« (Genet, 2011 [1947], S. 7) – seinerzeit im Französischen ein Synonym für »Schwule« – und drückt später auch den Wunsch aus, dass der Leser »durch seine eigenen Möglichkeiten und unsere Erzählung [...] diese bisher in ihm versunkenen Helden entdeckt«. Und das zum Abschluss einer Betrachtung über den folgenden Tagebucheintrag des Leutnants:

> »Ich streife die Ärmel meiner Pyjamajacke zurück, damit sie mir beim Wichsen nicht lästig sind. Diese einfache Bewegung macht aus mir einen Ringkämpfer, einen Kerl. So stelle ich mich dem Bilde Querelles, ich erscheine (vor) ihm als Dompteur. Aber es endet traurig: durch ein Abwischen des Bauches mit dem Handtuch« (ebd., S. 79).

Indes wird für Seblon durch »sein ständiges Meditieren über Querelle« – »dessen schönste Zierden, seine Muskeln, seine Formen, seine Zähne, seine nur erahnten Geschlechtsteile« – der Seemann zu einem engelgleichen Wesen, »um das die Verschlingungen einer Musik kreisen, die Gegensatz zur Harmonie ist. Besser noch: Musik, die dann noch bleibt, wenn die Harmonie verbraucht und zermahlen ist« (ebd., S. 12). Sie klingt im Kreischen der Kette an, das Gil Turko in seinem Versteck hört. White zeichnet nach, wie Jean Genet – auch hier Michel Foucault vorangehend – das »Archiv« unserer Gesellschaftsformation erforscht hat: Im Staatsgefängnis von Brest, wo bis 1858 Männer aus dem Proletariat für kleinste Vergehen mitunter jahrzehntelang paarweise in Eisen gelegt worden waren, blieb der maritime Jargon aus der frühen Neuzeit erhalten, als die aufstrebende Großmacht

Frankreich Streuner und Vagabunden auf die Schiffe zwang (vgl. White, 1993 [1993], S. 205ff.).

»*Die Ketten der Galeerensklaven hießen: Die Ranken. Welche Trauben trugen sie!*«, notiert der Offizier in seinem Tagebuch (Genet, 2011 [1947], S. 211, Hervorh. i. O.). Und er genießt es, wenn die Arbeiter von Brest abends in ihre Wohnbaracken gehen, »inmitten dieser Fülle von Erschöpfung, schweren Muskeln und männlicher Ermattung zu verweilen« (ebd., S. 10). Sie tragen die äußerlichen Fesseln nicht mehr. Deren Funktion hat kein musikalischer, kein lyrisch oder erotisch inspirierter, sondern der von der entfremdeten Arbeit vorgegebene Rhythmus übernommen. Dieser ist es, der zumeist auch unsere Fantasie – nach dem ältesten griechischen Beleg für das Wort Rhythmus – »in Banden hält« (vgl. Georgiades, 1958, S. 65). Jedoch entdeckt der Erzähler – oder Seblon – auch darin (noch) verborgene Schönheit, die im schlummernden Potenzial einer Solidarität der Klasse und des Begehrens gründet und der verbotenste Traum bleibt:

> »Den ganzen Tag haben sie wirklich gearbeitet […], ihre Bewegungen verschmolzen und verwickelt und die eine durch die andere ergänzt, so daß ein Werk daraus entstand, das ein sichtbarer, festgeschürzter Knoten ist. Jetzt kehren sie heim, eine dunkle Freundschaft – dunkel für sie selbst – verbindet sie, und ein sanfter Hass. […] Die meisten sind Italiener und Spanier, einige Araber und Franzosen sind dabei« (Genet, 2011, [1947], S. 9f.).

»Eine Brise, kaum Zephir zu nennen«

Als wollte Jean Genet die überlieferten romanhaften Vorstellungen konterkarieren, die wir älteren Schwulen, die wir uns ins 21. Jahrhundert hinüberretten konnten, uns von beflissenen Nachgeborenen nur allzu gern hübsch geordnet als »Siegergeschichte«, entsprechend den heutigen Erfordernissen, erzählen lassen, zieht er im letzten Viertel von *Querelle* eine »entscheidende Szene« vor – »gewohnter Logik folgend, hätten wir sie ans Ende dieses Buches setzen müssen« (ebd., S. 168). Sie handelt vom Aufstand, den ein schwules Begehren trägt, das endlich stolz zu sich selbst steht und dabei die Nähe zur Arbeiterklasse sucht. Aber das muss bei Genet aus der Zeit gefallene Episode oder Traumspiel bleiben, ein Moment des Glücks in der individuellen Revolte statt des geglückten Versuchs, »*alle Verhältnisse umzuwerfen*, in denen der Mensch ein erniedrigtes, ein geknechtetes, ein verlassenes, ein verächtliches Wesen ist« (Marx, 1956 [1843/1844], S. 385, Hervorh. i. O.).

Nach einem Plan von Querelle hat Gil, als Matrose verkleidet, den Leutnant überfallen, um mit dem geraubten Geld aus der Stadt zu entkommen. Doch gab der echte Matrose gleichzeitig dem Polizisten einen Hinweis, sodass der Gesuchte am Bahnhof verhaftet werden konnte – während sich Mario insgeheim längst sicher ist, dass in Wirklichkeit sein Geliebter selbst und nicht der Maurer den Mord begangen hat. Seblon wiederum hat am Vortag des Überfalls den sturzbetrunkenen Querelle vor einer für diesen aussichtslosen Schlägerei an Land gerettet und zurück an Bord gebracht, wobei er ihm unterwegs den Kopf tätschelte und die Wangen streichelte. Der torkelnde Seemann umarmte ihn, »zog ihn zu sich herab und küsste ihn stürmisch auf den Mund«. Danach wehrt sich der Offizier »nicht mehr gegen die Flut der Träume, die ihn angenehm umwogten«, und bedauerte nur, »daß Querelle nicht der Räuber gewesen war« (ebd., S. 207). Bei der polizeilichen Gegenüberstellung mit Gil nun weigert er sich, diesen als Täter zu identifizieren. Mehr noch:

> »Er sollte den Jungen belasten. Aber da erhob sich in ihm ein ganz leichter Wind, strich über die Gräser *(›Eine Brise, kaum Zephir zu nennen‹, schreiben wir ins Tagebuch)*, allmählich schwoll er an, trieb ihn auf und strömte in vollen Wogen durch seinen bebenden Mund – oder durch seine Stimme – und wurde zur aufrührerischen Rede. […] Er verbündete sich mit dem jungen Maurer auf eine Art,

> die immer mystischer wurde und ihn um so enger dem anderen verband, je mehr er sich von ihm zu entfernen schien, indem er seinen Angriff ableugnete und sich dagegen verwahrte, Gil aus Großmut zu verteidigen. [...] Leutnant Seblon beleidigte den Polizeikommissar. Er wagte es, ihn zu ohrfeigen. Er fühlte, daß auch armselige Komödienstücke aus der großen Schönheit, die das Kunstwerk bestimmt, entstehen« (ebd., S. 169f, Hervorh. i. O.).

Seblon, die »Klemmschwester«, wurde also mutig und »trennte [...] sich von dem Polizisten in sich. Er löste sich von dieser Ordnung, die er allzu sehr geachtet hatte« (ebd., S. 219). Und natürlich wurde er dafür verhaftet. An dieser Stelle ist es angebracht, auf die Literaturwissenschaftlerin Myriam Bendhif-Syllas zu verweisen, die als Erste – nach so vielen Regalmetern oft metaphysisch oder psychologisch ausgerichteter Sekundärliteratur zu Jean Genet – die ganze Bedeutung dieser, noch dazu kursiv gesetzten, Klammer im Text des *Querelle* erfasste: Der Autor und sein »Wir« geben sich hier als eins mit dem Tagebuchschreiber zu erkennen (Bendhif-Syllas, 2010, S. 153). Das heißt aber nicht weniger, als dass Genet mehr als zwei Jahrzehnte vor Stonewall, dem legendären Aufstand in der New Yorker Christopher Street, die Möglichkeit einer »homosexuellen Revolution« durchspielte – und sie, aus seinem ganz und gar gesellschaftlich-historisch geprägten Verständnis der modernen schwulen Konstitution heraus, verwarf. Denn da ist der Roman, nun wieder dem gewohnten »Zeitpfeil« folgend, zum Ende hin unmissverständlich.

Der Leutnant begibt sich in Begleitung eines Schauermanns zu den Festungswällen von Brest, wo die Seeleute, wenn sie nach einem Landgang die letzte Barkasse verpasst haben, zu übernachten pflegen, nachdem sie ihr Geschäft erledigt haben. Als sich Seblon »mit bequem heruntergelassener Hose zur Hingabe auf die Grabenböschung legte«, geriet er »mit dem Bauch in einen Scheißhaufen. [...] Wortlos ergriff der Schauermann die Flucht. Der Leutnant blieb allein zurück« (ebd., S. 212). Indes:

> »Der Wind strich über ihn hinweg. Er dachte, mit einer tiefen Stimme, die aus seinem Innern sprach: ›Ich verpeste ...! Ich verpeste die Welt!‹ Von diesem besonderen Punkt in Brest – inmitten des Nebels, dort, wo die Straße über dem Meer und den Docks liegt – stieg eine leichte Brise auf und rieselte süßer und balsamischer als Blüten aus Saadis Rosengarten über die Welt: die Feuchtigkeit des Leutnant Seblon« (ebd., S. 212f.).[7]

Mir scheint, man kann letztlich nicht sicher sagen, ob »uns« der Wind vorwärts oder rückwärts getrieben hat. Doch wie auch immer, es bleibt »der Luftzug, der die Fersen kühlt und uns an die Freiheit erinnert«. Und obwohl Jean Genet an der afrikanischen Atlantikküste, Richtung Amerika, begraben liegt – mit seinem *Querelle* gelingt es ihm, zumindest für mich, bis heute, »seine Waffe zu schleudern, wenn der Fuß noch auf einem fernen Gestade ruht, während sein Schritt sich schon über die Wasser hinweg Europa zuwendet« (Genet, 2011 [1947], S. 7).

---

7 Der *Golestān* (deutsch: *Der Rosengarten*) ist eines der bedeutendsten Werke des persischen muslimischen Mystikers Muṣliḥ ad-Dīn Sa'dī aus dem 13. Jahrhundert, besteht aus Gedichten und Anekdoten, die vielfach Motive der Ephebophilie aufgreifen, und wurde seit dem 17. Jahrhundert unter anderem in verschiedenen französischen und deutschen Übersetzungen auch in Europa bekannt und, vor allem wegen seiner Herrschaftskritik, unter Dichtern und Denkern der Aufklärung beliebt (vgl. Bellmann in Sa'dī, 1998 [ca. 1258], S. 366). Johann Wolfgang von Goethe bekundete in seinem *West-östlichen Divan*, wie sehr er Sa'dī schätzte, merkte in engem Zusammenhang mit ihm aber an: »Weder die unmäßige Neigung zu dem halbverbotenen Weine, noch das Zartgefühl für die Schönheit eines heranwachsenden Knaben durfte im Divan vermißt werden; letzteres wollte jedoch unseren Sitten gemäß in aller Reinheit behandelt sein« (Goethe, 1949 [1819/1827], S. 196).

Türkisch lernen mit Juan Goytisolo

Dies ist die überarbeitete und erweiterte Fassung eines Beitrags, der unter dem Titel »Ein schwuler ›Anti-Orientalist‹. Der spanische Autor Juan Goytisolo wird 80« zuerst im Januar 2011 in der Zeitschrift Rosige Zeiten *veröffentlicht wurde.*

»Da ich mich in dieses Viertel vollkommen integriert fühle …«

Einer meiner Lieblingssätze von Juan Goytisolo steht in keinem seiner Bücher, sondern in dem Essayband *Die brennende Bibliothek* des US-amerikanischen Autors Edmund White, der ihn in den 1980er Jahren für ein Interview im zentralen Pariser Viertel Le Sentier besuchte.

Dies war für den in Barcelona 1931 in einer großbürgerlichen Familie geborenen Erzähler und Essayisten mit baskischen und katalanischen Wurzeln, der als einer der bedeutendsten Schriftsteller spanischer Sprache im 20. Jahrhundert gilt, »die Definition von Großstadt schlechthin« (ziti. n. White, 1996 [1994], S. 355). Dort war er – mochte er zuletzt auch immer ausgedehntere Reisen in die sogenannte »islamische Welt« unternehmen – jahrzehntelang zu Hause: seit er 1956 Francos Spanien verlassen hatte, dessen noch vom Bürgerkrieg traumatisierte Gesellschaft und orientierungslose Jugend unter dem falangistischen Regime er in seinen sozialrealistischen frühen Romanen schilderte, die auf Anhieb internationalen Erfolg hatten. Er zog bei Monique Lange ein, die als Tochter jüdischer Intellektueller während der Besetzung Frankreichs durch Nazi-

Deutschland in Indochina aufgewachsen war, sich in der Französischen Kommunistischen Partei engagierte und für Gallimard, den wichtigsten Pariser Buchverlag, arbeitete – wie dann bald auch er, der dort als Lektor besonders die junge lateinamerikanische Literatur förderte. Lange, die später selbst als Autorin hervortrat, machte ihren Gefährten mit Jean-Paul Sartre und Simone de Beauvoir bekannt, führte ihn in den Kreis um Marguerite Duras ein und vermittelte ihm die für sein weiteres Leben entscheidende Freundschaft mit Jean Genet. Viele Jahre nachdem Goytisolo ihr offenbart hatte, »völlig, endgültig, unwiderruflich homosexuell« zu sein (Goytisolo, 1995 [1986], S. 283), heirateten sie, und erst nach ihrem Tod 1996 sollte er ganz nach Marrakesch übersiedeln.

Mit White sprach er über die vertraute Umgebung des Paars: »Nachdem so viele Türken in das Viertel gezogen waren, entdeckte ich eines Tages beim Spazierengehen, dass ich nicht verstand, was an die Wände geschrieben war.« Und es folgte dieser erstaunliche Satz, der wie beiläufig das genaue Gegenteil der bornierten Haltung ausdrückt, die in den europäischen Gesellschaften gemeinhin für selbstverständlich gilt: »Da ich mich in dieses Viertel vollkommen integriert fühle, beschloß ich, das zu tun, was notwendig war, nämlich Türkisch zu lernen« (zit. n. White, 1996 [1994], S. 355).

»Ein heimlicher, intimer Faktor ...«

Juan Goytisolo zeigt im zweiten Band seiner Autobiografie – *Die Häutung der Schlange. Ein Leben im Exil*, auf Spanisch 1986 und in deutscher Übersetzung 1995 erschienen –, wie hart er mit sich kämpfen, welche Abgründe in sich selbst er erkunden musste, um zu einer solchen Einstellung zu finden. Seine Leidenschaft für orientalische Philologien – »zunächst einmal maghrebinisches Arabisch und dann Türkisch« – erklärt er hier »aus dem hartnäckigen Wunsch und dem Willen heraus, mich einem physischen und kulturellen Körpermodell zu nähern, dessen Glanz und Glut mich wie ein Leuchtturm leitete« (Goytisolo, 1995 [1986], S. 265).

Er erzählt in dem Buch, wie zur Zeit des Algerienkriegs Ende der 1950er/Anfang der 1960er Jahre mitten in Paris immer wieder nordafrikanische Arbeiter »mit Kolbenschlägen in die Gefangenenwagen getrieben wurden oder in dichten Bataillonen aneinandergereiht auf der Place de l' Étoile standen, [...] brutal angestrahlt von den Scheinwerferbündeln der Polizei« (ebd., S. 75). Monique Lange und er – dessen Vorfahren ihr Vermögen mit einer Zuckerrohrplantage auf Kuba gemacht hatten, wo sie Sklav_innen hielten – unterstützten den Kampf gegen den Kolonialismus und stellten der algerischen Befreiungsbewegung FLN ihre Wohnung als konspirative Adresse zur Verfügung. Aber er erinnert sich in der zweiten Person: »Dein augenblickliches Mitgefühl mit ihnen entsprach nicht nur deiner natürlichen Sympathie für [...] die Unterdrückten und hatte auch keine ausschließlich politischen Gründe. Ein heimlicher, intimer Faktor [...] verband dich unlösbar mit ihnen« (ebd.).

Er war fasziniert von der virilen Schönheit der Maghrebiner, nahm bei ihnen – obgleich er doch Zeuge ihrer Entrechtung wurde – ein »herrisches« Aussehen wahr und fürchtete »ihre Macht über mich« (ebd., S. 253f.). Die gründete natürlich allein in dem Verlangen, mit dem er sie anschaute und bei ihnen »die Elemente, Attribute und Charakteristika einer kriegsgewohnten extremen Männlichkeit« ausmachte (ebd., S. 259), die ihm ebenso bewundernswürdig wie niederschmetternd erschien.

Goytisolo spricht in seiner Autobiografie von einer »Ähnlichkeit der Erfahrungen, übersetzt in identische Bilder und Triebe«, die er im Lauf der Zeit bei einigen christlichen und muslimischen Dichtern des Mittelalters ebenso wie beim Marquis de Sade und dem »düsteren Sacher-Masoch« entdeckte (ebd., S. 359). Bei Letzterem empfindet der Ich-Erzähler der 1870 erschienenen *Venus im Pelz* unter dem »Tigerblick« (Sacher-Masoch, 2006 [1870], S. 135) des schönen muskulösen

»Griechen«, der »auf den schwarzen Locken ein rotes Fez« trägt (ebd., S. 44), »Scham seiner wilden Männlichkeit gegenüber [...]. Wie ich mich so recht als den verschraubten schwächlichen Geistesmenschen fühle!« (ebd., S. 114). Dem Gefühl tut es in diesem Roman keinen Abbruch, dass der »Apollo« (ebd., S. 113) mit den »glühenden schwarzen Augen« (ebd., S. 93) genauso akademisch gebildet ist wie sein »übersinnlicher« heimlicher Verehrer, den er schließlich auspeitschen wird, bis ihm, »Hieb für Hieb« (ebd., S. 136), die falsche Poesie vergeht.[1] Hatte dagegen Juan Goytisolo schon zuvor Sex »niemals, absolut niemals mit Tunten oder Heterosexuellen meines kulturellen und gesellschaftlichen Milieus«, so erstreckte sich von nun an »dieses strenge, ausschließende Kriterium auch auf meine eigene ethnische Gruppe«. Sein erotisches Interesse erregten nur noch »die wettergegerbten rauhen Söhne der sotadischen Zone«. (Goytisolo, 1995 [1986], S. 259).

Mit diesem Ausdruck bezeichnete im 19. Jahrhundert der britische Offizier, Forschungsreisende und Diplomat Sir Richard Burton – der eine seinerzeit als »pornografisch« angesehene Ausgabe von *Tausendundeine Nacht* veröffentlichte – einen »fiktiven geographischen Streifen, der [...] de facto nicht durch klimatische Bedingungen, sondern durch das Blühen ›invertierter‹ Lüste demarkiert« war und vom Mittelmeerraum bis tief nach Afrika hineinreichte sowie auch Südamerika und weite Teile Asiens umfasste (Klauda, 2007). Aber während Goytisolo somit das »geistige Bühnenbild« des Orientalismus aufruft, ermahnt er sich zugleich, »die kritische Sicht der Wirklichkeit von [...] deiner Libido abzugrenzen« (Goytisolo, 1995 [1986], S. 75).

---

1 Ich schließe mich der Deutung von Helmut Strutzmann (1985, S. 197) an, wonach es in Sacher-Masochs Roman vor allem um die Suche des Ich-Erzählers nach dem »zum Orgasmus und Liebesglück peitschenden Mann« geht. Gilles Deleuze interpretiert die Geschichte dagegen konventioneller: Das »männliche [...] Gesicht« bezeichne »das Ende der masochistischen Phantasien und Praktiken: als der Grieche die Peitsche ergreift und Severin schlägt, löst sich der übersinnliche Reiz schnell« (Deleuze in Sacher-Masoch, 2006 [1870], S. 216).

»In einem polysemen Akkord Sexualität und Schreiben miteinander vereinen«

Das bedeutet nun keineswegs, dass Juan Goytisolo der bequemen Trennung zwischen einer vermeintlich »unschuldigen« sexuellen Fantasie, die sich an im Kern rassistischen Obsessionen entzündet, und einer politisch korrekten Haltung, wie man sie mit Blick auf die faktischen Herrschaftsverhältnisse gern für sich in Anspruch nimmt, das Wort reden würde. Ganz im Gegenteil, nach dem »Coming-out« gegenüber seiner Lebensgefährtin suchte Goytisolo – indem er mit dem 1966 in Mexiko veröffentlichten Roman *Identitätszeichen* (deutsch 1978) den »fotografischen Objektivismus« seiner »engagierten« literarischen Anfänge aufgab (vgl. Asholt, 1986, S. 388) und sich auf das Abenteuer eines gleichsam den ganzen Körper einbeziehenden Schreibens einließ – die »vollständige Verbindung von Phantasie und Vernunft« (Goytisolo, 1995 [1986], S. 357) auf dem sprachlich vermittelten, also gesellschaftlichen Grund, der beiden gemeinsam ist.

Unverkennbar ist im letzten Zitat der Anklang an Friedrich Nietzsche, der 1872 in seiner *Geburt der Tragödie* von der »dionysischen« Antike kündete, deren Geheimnis die Versöhnung »zwischen der Kunst des Bildners [...] und der unbildlichen Kunst der Musik« (Nietzsche, 2004 [1872], S. 19) gewesen sei. Entsprechend verachtete er den später aufgekommenen Roman als literarische Gattung (vgl. ebd., S. 88), weil er die »Musik« echter Dichtung für »das eine große Cyklopenauge des Sokrates« geopfert habe, »in dem nie der holde Wahnsinn künstlerischer Begeisterung geglüht hat« (ebd., S. 86). Goytisolo erweist in dem Buch, an dem er in den nächsten Jahren wie um sein Leben schreiben und dabei aus dem »Roman« bis dahin Unerhörtes herausholen wird, Nietzsche einmal seine versteckte Reverenz: »verbotene Leidenschaft, unerlaubtes Gefühl, funkelnder Verrat: schließ die Augen, zerschmettere den Bildschirm: sein finsteres Zyklopenauge will dich erstarren machen, eine blinde Statue wie Lots Weib« (Goytisolo, 1986 [1970], S. 118).

Doch zunächst musste er, wie er in der *Häutung der Schlange* berichtet, »zur nackten Wahrheit deines herben Gartens der Lüste [...] gelangen« (Goytisolo, 1995 [1986], S. 355). Der öffnete sich ihm zum ersten Mal in einer Absteige im Pariser Norden, in den Armen eines Bauhelfers aus dem Maghreb. Juan Goytisolo ist bemüht, sich nicht etwa als uneigennützig darzustellen, wenn er schildert, wie er damals das Vertrauen von zum Teil analphabetischen »Gastarbeitern« gewann, für die er nach dem Sex Briefe an Behörden, manchmal auch an Angehörige verfasste:

> »[D]er Akt des Schreibens und des Wortergreifens an ihrer Stelle, der mit der gleichen Ausschließlichkeit geschah, mit der sie einige Stunden oder einige Minuten zuvor über meinen Körper verfügt hatten, sollte häufig das offensichtliche Wohlwollen des Schreibens mit dem geheimen Behagen der Erektion vermischen« (ebd., S. 268).

Immer öfter blitzte nun, während Goytisolo mit den anderen Linksintellektuellen der französischen Hauptstadt über politische Resolutionen diskutierte oder auf Partys plauderte, in seinem Innern die Metapher eines spanischen Barockdichters auf und mit ihr das Bild von ineinander verschlungenen Männerkörpern:

> »Als ich die *Soledades* von Góngora las und auf die *Proben, wild und feurig,* jener Ringkämpfer stieß, die durch *gegenseitige Schlingen aneinandergekettet / wie harte Ulmen in umgarnenden Reben* [waren], offenbarten mir die schlangenartige Schlüpfrigkeit des Satzes und die Kopulation des fleischgewordenen Wortes die tagtägliche Verwandlung der Begierde Góngoras im Destillierkolben seiner Poesie, seine fruchtbare Fähigkeit, in einem polysemen Akkord Sexualität und Schreiben miteinander zu vereinen« (ebd., S. 137, Hervorh. i. O.).

Rückforderung des Conde don Julián

Durch das Beispiel seines Freundes Genet begriff Juan Goytisolo, dass sich von jedwedem »Vaterland« verabschieden muss, wer das »Territorium des Dichters« erreichen will (Goytisolo, 1995 [1986], S. 147).

Als er 1965 von Tanger aus über die Meerenge hinweg die Umrisse Spaniens erblickte, wo sich die verhasste Diktatur von Kapital, Militär und Kirche auch die Sprache unterworfen hatte, imaginierte er sich in den historischen »Verräter« Julián hinein, durch den die Iberische Halbinsel im achten Jahrhundert unserer Zeit dem arabischen Eroberer Tarik in die Hände fiel. Der wird bei Goytisolo zum Liebhaber Juliáns, beschrieben mit einer »verheißungsvollen« Reminiszenz an Leopold von Sacher-Masoch: »eine stärkere Dosis Haschisch genügt: und eine warme kraftvolle Tierhaftigkeit [sic!]: Tarik ist an deiner Seite, und in seinen Augen scheint der unbarmherzige Blick eines Tigers zu schimmern« (Goytisolo, 1986 [1970], S. 127).

Als die Reconquista nach mehr als 700 Jahren die – auch in erotischer Hinsicht – relativ tolerante muslimisch-jüdisch-christliche Zivilisation von Al Andalus endgültig besiegt hatte, breitete sich, auf den Terror der Inquisition gestützt, im Land ein besonders bigotter Katholizismus aus, und bald begannen die kolonialistischen Raubzüge in Südamerika. Juan Goytisolos furiose *Rückforderung des Conde don Julián* (1970 im Original, deutsch zuerst 1976) ist, wie der mexikanische Autor Carlos Fuentes in einem Nachwort schreibt, ein »Aufschrei [...] gegen den Triumph all dessen, was die Verheißung der Freiheit und Liebe und Freude in Spanien auslöschte« (in ebd., S. 230). Dieses wie eine Fuge komponierte Sprachkunstwerk, in dem sämtliche Klischees, die ein sexuell verklemmtes Abendland »dem« muslimischen Mann mit seiner mächtigen »Schlange« angedichtet hat, bis zur Kenntlichkeit parodiert werden – es ist auch der »Krieg«, von dem Goytisolo sagt, dass er ihn gegen sich selbst führen musste (Goytisolo, 1995 [1986], S. 356): ein erlesenes sadomasochistisches Ritual, das bis »zu den Wurzeln des bürgerlichen Tods« getrieben wird, der ihm »zu leben erlaubt hat« (ebd., S. 357). So hat er diesen Krieg gewonnen – vielleicht, gegen seine erklärte Absicht, sogar für »sein« Land. Denn zwar konnten der »Conde und seine islamischen Kohorten«, so Fuentes, »nur in der Vorstellung und mit Worten wieder in Spanien einfallen, aber Worte und Vorstellungen können eine explosive Gewalt besitzen, wenn sie gegen eine sich nach außen abschließende Gesellschaft eingesetzt werden, die die Erfindung einer anderen Wirklichkeit verbietet« (Fuentes in Goytisolo, 1986 [1970], S. 235).

Der »Anti-Orientalist«

Die *New York Times* porträtierte Juan Goytisolo vor einigen Jahren ausführlich unter dem treffenden Titel *The Anti-Orientalist* (Eberstadt, 2006). Den hat er sich zu Recht erworben. Denn plante er zunächst vielleicht »bloß«, in der Nachfolge Friedrich Nietzsches, eine »Umwertung« der orientalistischen »Erkenntnisse«, um die »Anderen« der »christlich-abendländischen Tradition«, die in Westeuropa nach den faschistischen Massenmorden so gern beschworen wurde,[2] eins zu eins entgegenzusetzen, so stieß er im Lauf der Arbeit an seinem Meisterwerk auf weit Subversiveres. Er wurde zum großen Wiederentdecker des vielfach geplünderten, dabei entstellten, totgeschwiegenen oder eingefriedeten Erbes von Al Andalus und des europäischen Islam, das er in seinen folgenden experimentellen Romanen *Johann ohne Land* (1975, deutsch 1981), *Engel und Paria* (1980, deutsch

2 Ich danke Koray Yılmaz-Günay dafür, dass er mir seinen leider unveröffentlichten Text »Antichrist = Muselmann? Zur Funktion des ›Islam‹ im Werk Friedrich Nietzsches« zur Verfügung gestellt und mich auch auf die sehr empfehlenswerten kritischen Arbeiten von Ian Anderson zum Thema hingewiesen hat.

1995), *Reise zum Vogel Simurgh* (1988, deutsch 2012), *Quarantäne* (1991, deutsch 1993) und *Das Manuskript von Sarajevo* (1995, deutsch 1999) – sämtlich in ausgezeichneten Übersetzungen im Suhrkamp Verlag erhältlich – allen, die eine »ikonenhafte Identität« (Goytisolo, 2004, S. 76) unterlaufen, als Bezugspunkt erschließen wollte.

Goytisolo starb, drei Jahre nachdem er aus der Hand des Königs von Spanien den Cervantes-Preis erhalten hatte, der als höchste literarische Auszeichnung der spanischsprachigen Welt gilt, im Juni 2017 in seiner Wahlheimat Marrakesch und wurde seinem Wunsch entsprechend an der Seite von Jean Genet auf dem eigentlich aufgegebenen Friedhof von Larache in Marokko beigesetzt – der einzige Zugangsweg dorthin führt, wie er es beschrieben hatte, »über die Müllkippe der Stadt« (Goytisolo, 1995 [1986], S. 181).

In den letzten Jahrzehnten seines Lebens hatte er sich als *public intellectual* vielfältig für humanistische Anliegen eingesetzt, unter anderem als Vorsitzender der UNESCO-Kommission zur Rettung des mündlichen Erbes der Menschheit, als Journalist, der während des jugoslawischen Bürgerkriegs aus dem eingeschlossenen Sarajevo berichtete (*Notizen aus Sarajewo* [sic!], spanisch und deutsch 1993), und durch seine publizistischen Appelle für die Rechte von illegalisierten Migrant_innen in der EU. Er hatte sich angesichts des »globalisierten« Kapitalismus und der neuen imperialistischen Kriege nach 1989 wieder verstärkt für marxistische Positionen interessiert – davon zeugt auch sein »postmodern-biografischer« Roman *Die Marx-Saga* (1993, deutsch 1996) – und mit der mehrteiligen Arte-Fernsehserie *Kibla – Reisen in die Welt des Islam* (deutsche Buchausgabe 2000) sowie mit zahlreichen Artikeln für die größte spanische Tageszeitung *El País* versucht, zu einem tieferen Verständnis für die im »Westen« verleumdeten Muslim_innen beizutragen (eine Auswahl seiner journalistischen Arbeiten erschien 2004 in deutscher Übersetzung unter dem Titel *Gläserne Grenzen. Einwände und Anstöße*).

Indes vertraue ich vor allem auf die politische Wirksamkeit seiner *Literatur*, die auf die tradierten Formen des Engagements verzichtet und stattdessen ganz auf »aus uralter Knechtschaft befreites Wort« setzt, wie es in der *Rückforderung des Conde don Julián* heißt (Goytisolo, 1986 [1970], S. 118). Dort hat Juan Goytisolo einen »Doppelraum von Bürger und Buch« aufgetan, wie ihn das Du im Roman *Landschaften nach der Schlacht* (1982, deutsch 1990), der im Pariser Viertel Sentier beginnt, schließlich auch im »turkoberlinischen Kreuzberg« entdeckt, wo es bummeln, sich verlaufen oder eben selbst »labyrinthische Strecken erfinden« kann (Goytisolo, 1990 [1982], S. 173).

So ist Literatur, wie er sie in der *Häutung der Schlange* gültig definiert, Widerstand gegen das, »was unsere Wahrnehmungsmöglichkeiten einschränkt oder betäubt, uns kulturell, ideologisch oder sexuell bedingt, uns der Gehirnwäsche unterzieht und unsere Sinne betäubt: der Gegendiskurs zum Diskurs« (Goytisolo, 1995 [1986], S. 134) – zum herrschenden »Integrations«-Diskurs zum Beispiel.

Jäcki und die Heere der Unempfindlichkeit

Hubert Fichtes letztes Jahr

Dieser Text wurde in einer etwas kürzeren Fassung unter dem Titel »Jäcki und die Heere der Unempfindlichkeit. Zum 25. Todestag von Hubert Fichte« zuerst im März 2011 in der Zeitschrift Rosige Zeiten *veröffentlicht.*

»Die Welt als Buch bricht zusammen.«

»Geilheit des Aufbruchs damals / Traurigkeit heute«, notiert Hubert Fichte Ende März 1985 in Paris (zit. n. Braun, 2005, S. 282). Der Hamburger Schriftsteller, Ethnograf und Journalist hat dort mit seiner Lebensgefährtin, der Fotografin Leonore Mau, seinen 50. Geburtstag gefeiert und will jetzt allein weiter nach Marokko.

Als er 15 Jahre zuvor für einen westdeutschen Sender ein Radiofeature über das Treiben auf der Djemmaa el Fna, dem legendären »Platz der Gehenkten« in Marrakesch, verfasste, ließ er aus, was ihn dort besonders angezogen hatte (vgl. ebd., S. 284). Denn der Paragraf 175 des Strafgesetzbuches, der in der Bundesrepublik weiter in der Nazi-Fassung gegolten hatte, war eben erst gelockert worden. »Die Drohung mit dem KZ bis zum zehnten Lebensjahr, weil ich Halbjude war. / Die Drohung mit dem Zuchthaus, weil ich schwul war« (zit. n. ebd., S. 113): So hat er einmal zusammengefasst, wie er – der junge »Detlev« seines 1965 erschienenen ersten Romans *Das Waisenhaus* (1965) – die Kontinuität des Rechtsstaats erlebte. Die Erinnerung an die Verfolgung blieb für ihn prägend.

Einem breiteren Publikum wurde er 1968 mit dem »Gammler-Roman« *Die Palette*, aus dem er im legendären Star-Club an der Großen Freiheit las, als »Pop-Literat« bekannt. Damals begann neben Detlev der »Jäcki« Gestalt anzunehmen, der – an seiner Seite »Irma« mit ihrer Kamera – in Fichtes auf 19 Bände geplanter *Geschichte der Empfindlichkeit* nach St. Pauli noch andere Tropen erforschen will. Er hatte in den frühen 1960er Jahren in einer Pariser Sauna die Erfahrung gemacht, der er sein ganz eigenes Verständnis von »bi« verdankte und auf die in seinem neuen Buch eine der »Ricardtanten« anspielen wird – »Ich sah Marcel Proust im Dampf« (Fichte, 2006 [1989], S. 164) –: Oral befriedigt von einem »alten Franzosen« und gleichzeitig, zum ersten Mal, anal genommen von einem »jungen Araber«, genoss er »die Bewegung des Hin und Her, das Oszillieren zwischen den Polen« (Braun, 2005, S. 131). So jedenfalls interpretiert der Literaturwissenschaftler Peter Braun in seiner *Reise durch das Werk von Hubert Fichte* den Dreier und leitet daraus »eine Denkfigur für einen Raum dazwischen« ab, in dem der Autor später auch »seine Darstellung der afro-amerikanischen Religionen angesiedelt« habe (ebd., S. 133). Aber seinen wohl berühmtesten Satz sagte Jäcki – »möglicherweise von der Erfahrung der Djemma el Fna [...] beflügelt«, so Braun (ebd., S. 285) – erst 1971, im Roman *Detlevs Imitationen »Grünspan«*: »Ich kann mir die Freiheit, wenn ich ehrlich bin, nur als eine gigantische, weltweite Verschwulung vorstellen ...« (Fichte, 1979 [1971], S. 221).

Hingegen hält Fichte 1985 in seinem Tagebuch fest, »wie eine Welthysterie sich ausbreitet« (zit. n. Braun, 2005, S. 281). Wenige Tage vor seiner Reise nach Paris und Marokko notiert er bei einem Besuch in Westberlin:

> »Die Schwulen mit positiver Lymphreaktion geben ein Fest.
> Der Kurde Ahmed.
> – Warum sind alle in Deutschland so mürrisch, so traurig?
> – Ist Krieg oder was?
> Hussein der blonde Libanese.
> Familienvater.

Mit jenem unaussprechlichen Mehr an Rundung am Arsch.
Wie er stöhnt und sich ficken lässt, oder fickt.
Was für ein Jammer« (zit. n. ebd., S. 279f.).

Zurück aus Marrakesch und mitten in der Arbeit am *Platz der Gehenkten*, der Teil des großen Zyklus werden soll, verzeichnet der Schriftsteller im Spätsommer »Aidstitel auf Time und Newsweek in der vorigen Woche, diese Woche Spiegel und Stern« und kommentiert, als der schwule Reiseführer *Spartacus Gay Guide* sein Erscheinen einstellt: »Die Welt als Buch bricht zusammen« (zit. n. ebd., S. 281, 280).

»Wo befinde ich mich, wenn ich schreibe?«

Auch das andere Reisen, von dem die *Geschichte der Empfindlichkeit* handelt, scheint unmöglich geworden – war vielleicht bereits eine Illusion, als Jäcki seinerzeit aufbrach. Der ständige Wechsel im Roman, fast unmerklich, zwischen den Wahrnehmungen von 1970 und denen dieses Frühjahrs, legt es nahe.

»Die chthonischen Tage sind vorbei«, heißt es da, als Irma im Paris des Jahres 1985 ein Beispiel der postmodernen Banalität ablichtet, mit der wir es uns in den Metropolen eingerichtet haben. Hochgestoßene Granitplatten simulieren Kunst im öffentlichen Raum:

»Staatlich gefördertes Chaos.
Darunter bricht ein Springbrunnen hervor.
Es bedeutet sicher etwas Umweltfreundliches.
Oder etwas Aufklärerisches.
Unter dem Pflaster der Strand oder so«
(Fichte, 2006 [1989], S. 217).

Und die Peripherie gleicht sich dem Stumpfsinn an, bis in die Körpersprache. Was sich in Marokko verändert hat:

»Die Männer halten sich nicht mehr an den Händen.
Keine zweite Erzählung mehr aus Händen, Füßen, Ohren, Augen, Wimpern zur Erzählung aus dem Mund.
Das Fernsehen lehrt auch hier die falsche Gefasstheit« (ebd.).

Jäcki ist im Taxi unterwegs, auf der Suche nach einem Zimmer in der von Touristen überfüllten Stadt. »Auf den Friedhöfen Züge von Menschen«, beobachtet er: »In schrillen Farben steigen sie zwischen den Steintafeln hoch.« Er erkennt Kinder mit Pappkartons, Frauen mit Plastikbündeln, Wachsoldaten mit Maschinenpistolen im blaustichigen Flutlicht. »Die Armee hat alle Hütten da unten eingerissen, sagt der Taxifahrer.« Die Präsidenten, die im Palasthotel wohnten, wollten solche armseligen Unterkünfte nicht sehen (Fichte, 2005 [1989], S. 210ff.). »Ein Literaturkongress wird erwartet«, erinnert sich Jäcki an die Zeit, als Marrakesch ein Fluchtpunkt des »westlichen« schwulen Untergrunds war (»Die Beatgeneration: Ginsberg, Burroughs, Corso, Ferlinghetti – alle 60«): »Jean Genet soll ein Hippiesymposion leiten! / Dafür wird die Stadt gesäubert« (ebd., S. 139).

»Wo befinde ich mich, wenn ich schreibe? / Hier oder dort oder in der Mitte oder nirgends?«, fragt sich Jäcki (ebd., S. 215) – »Bin ich ein Foto von Irma?« (ebd., S. 107) – zwischen den Händlern und Gauklern, Sufi-Musikern und späten Hippies auf der Djemmaa el Fna. In der Auseinandersetzung mit dem Metier der Gefährtin hat er seine Poetik ausgearbeitet: »Die ganze Geschichte in einer tausendstel Sekunde. Die Welt als reines Bild. Das ist die wahre Kunst. Nichts weiter mehr als ein Apparat«, begeisterte er sich anfangs. Irma widersprach ihm, beharrte auf dem Eigensinn, der sich mit der Technik entwickeln muss, damit die Vorstellungsbilder entstehen können. Jäcki maulte, das bedeute »ja dann doch wieder Auffassung, Verwandlung. Synthese. Proust« (zit. n. Braun, 2005, S. 137f.). Voilà. Die »Wirklichkeit« ist nicht einfach ein »Abfallprodukt der Erfahrung [...], mehr oder weniger identisch für alle, weil jeder weiß, was wir meinen mit: schlechtes Wetter, ein Krieg, […] ein blühender Garten«, heißt es in der *Suche nach der verlorenen Zeit* (Proust, 2004 [1927], S. 293). Und deshalb beginne für den Schriftsteller die Wahrheit erst, wenn er »zwei verschiedene Gegenstände nimmt, die Verbindung zwischen ihnen herstellt […] und sie einschließt in die zwingenden Glieder eines schönen Stils; oder auch erst, wenn er, wie das Leben es tut, in zwei Empfindungen etwas Gemeinsames aufzeigt« (ebd., S. 292).

Hubert Fichte verlegte sich auf ein minimalistisches sprachliches Programm, das an den ältesten Zeugnissen der Antike geschult war: Das Wort sollte nicht nur etwas benennen, sondern zugleich eigenständige rhythmische Macht sein. Umso schwerer wiegt ein jedes, wo so viel Weiß auf der Seite bleibt. Oft gebraucht der Autor das heute unmöglich gewordene »N-Wort«, und ein Satz wie »Eine Gruppe Marokkaner führt eine Gruppe Affen vor« (Fichte, 2006 [1989], S. 54) macht beklommen. Aber: »Fichte verkennt nirgendwo die Bedeutung des scheinbar sehr Fremden, das er mit ansehen muss, für das Verstehen unserer eigenen […] Zivilisation«, versicherte sein Freund, der große Gelehrte Hans Mayer, Autor des 1975 erschienenen Werks *Außenseiter* über das Scheitern der bürgerlichen Aufklärung am Beispiel von Frauen, Juden und Homosexuellen. »Immer wieder kommt er auf die Gemeinsamkeiten zurück« (Mayer, 1998, S. 199).

»Wir verstehen nichts von ihrem Leben.«

In Marrakesch macht einmal »Arafa, der schwarze Mann von der Klappe«, Jäcki »doch noch an«:

»– Ich bin Maurer.
– Ich verdiene 15 Dirham am Tag.
– Wenn ich Arbeit finden kann.«

Der Weiße bleibt »der Freier« aus Hamburg:

> »Zum Schluß noch den Dirham für den Bus.
> – Um den Schein nicht anzubrechen.
> Wie am Hauptbahnhof« (Fichte, 2006 [1989], S. 158f.).

Ein andermal fragt ihn einer, »und mit ihm 1400 Jahre Hidschra«, ob er noch einmal wolle:

> »– Langsam, bitten mit mir 2000 Jahre Christentum.
> Als ich ihm danach Geld anbiete:
> – Kein Geld, es ist für die Freude des Herzens« (ebd., S. 156).

Aber die gut situierten europäischen Schwulen, die beim Ricard auf einer Caféterrasse am Rand der Djemmaa el Fna plaudern, glauben nicht an interkulturelle Begegnungen:

> »– Und hat man genug und läßt sie sitzen, sehen sie einen an, versteint vor Traurigkeit.
> – Mit Traurigkeit läßt sich doch gar kein Geld machen!
> – Sie verschwenden ein Gefühl, ohne etwas dafür zu kriegen« (ebd., S. 168).

So tauschen sie ihre Erfahrungen mit einheimischen Männern aus: »Wir verstehen nichts von ihrem Leben« (ebd., S. 166). Dabei kennen sie die Rahmenbedingungen:

> »– Zur Unabhängigkeit schenkte Mohammed V. Herrn Krupp ein Haus in Marrakech.
> – Eine Widerstandskämpferin hat ein schwules Hotel in Agadir.
> – Jetzt macht sie die Betten für die Herren, die sie früher in die Luft gejagt hat« (ebd., S. 135).

Aber kein Anflug von Schuldgefühl, denn sie sind sich sicher: »Es ist nicht der Kolonialismus« (Fichte, 2006 [1989], S. 104). Außerdem:

»– Ich bin selbst auf den Strich gegangen im Krieg.
– Noch 1943 standen die Frontsoldaten in einer Reihe unter den Spreebrücken.
– Sie ließen das Geschlechtsteil heraushängen, und man konnte sich einen aussuchen.
[…]
– Mein Geliebter verschwand im KZ.«

Das erzählt 1970 ein »Richter aus München«, der findet: »Eigentlich altern wir Tunten doch ganz gut« (ebd., S. 124). Und die »Ricardtanten« ahnen damals:

»– Mit ihrer Gay Liberation machen sie sich alles kaputt!
[…]
– Als Unterdrückte gingen wir auf dem Platz der Gehenkten weg wie warme Semmeln.
– Vor den Teutonen-Fritzes laufen die echten Männer hier auf und davon!« (ebd., S. 153)

»Koran auf Bibelpapier ist unpraktisch.«

Als Jäcki die Liste seiner Sexpartner in Marrakesch durchgeht, wird ihm die Feststellung des Offenkundigen wichtig: »Ich kann weniger Arabisch als Buchtar, Arafa, Gaouty« (Fichte, 2006 [1989], S. 138). Er sieht den Mietkalligrafen auf der Djemmaa el Fna bei der Arbeit zu:

»Die Skriben zeichnen Gitter aus gelber Tusche aufs Papier.
Dahinein schreiben sie.
Keile und Gekröse für Litaneien« (ebd., S. 76).

Keile und Gekröse – die Buchstaben der fremden Sprache, die er lernen will. In ihr erklingt von den Minaretten der Gebetsruf der Muezzins, der ihn im Roman leitmotivisch weckt. »Aufwachen. / Zwischen Traum und Traum.« Zwischen dem Aufenthalt von 1970 und dem von 1985:

»Die Stimmen der Sänger vom Turm.
Gottes Wort.
Sauer« (ebd., S. 12 u. ö.).

Wird damit der erstarkende Islamismus zum Thema, wie Peter Braun meint (vgl. Braun, 2005, S. 286ff.)? Wird Hubert Fichte, der einst in Marokko zur befreienden Vorstellung von der »Verschwulung der Welt« fand, zum Verteidiger »westlicher Freiheiten« gegen demagogische Prediger, die im Zeichen der Aidsfurcht auch hier auf die alte Geschichte von Sodom zurückkommen, wie es ihnen amerikanische TV-Evangelisten vormachten? In der eigenen Tradition wurde sie selten gegen Homosexuelle gewendet – aber die wusste auch nichts von »Homosexuellen«. Für sie war gleichgeschlechtliches Begehren einfach »ein Faktum, das dem Menschsein als solchem entspringt«, wie es später Georg Klauda in seiner Studie *Die Vertreibung aus dem Serail* formulierte (Klauda, 2008, S. 51).

Jäcki versucht sich an der Übersetzung einer französischen Übersetzung scheinbar zuständiger Stellen in der heiligen Schrift des Islam:

»Im Kopf eine Art Luther-Deutsch.
Koran auf Bibelpapier ist unpraktisch.
Die Tinte schlägt durch.«

Er stellt fest, dass die Offenbarungen nach ihrem Umfang absteigend geordnet sind, sodass die apokalyptischen frühesten Verse nach denen aus der Zeit stehen, als sich die neue Religion schon durchzusetzen begann und die vielen Dinge des täglichen Lebens zu verhandeln hatte:

»Die Texte des Koran werden kürzer von Sure zu Sure.
Die Texte des Platzes der Gehenkten werden länger.

Ich möchte das Gesetz der schrumpfenden Glieder durch das Gesetz der wachsenden Glieder ausgleichen« (Fichte, 2006 [1989], S. 13).

So nimmt sich Jäcki nun einen jungen Schwarzen zum Vorbild, der als professioneller Erzähler auf der Djemmaa el Fna seine Geschichten immer weiterspinnt und ihn zugleich an das Versprechen des Aufbruchs erinnert:

> Er »lockte sie von Inschrift zu Inschrift.
> Now I want to be free.
> Und noch:
> Isn't it right?« (ebd., S. 213f.).

Indes:

> »Wie messe ich Länge und Kürze?
> Wie die Griechen, durch Längen und Kürzen.
> Und die Pausen?
> Das Nichts?« (ebd., S. 13).

»Die Schwulen waren vorn vorn vorn …«

»Stügeros d'hüpedexato koitos«, deklamiert der humanistisch gebildete Münchner Richter in Marrakesch aus der Odyssee. Das Epos vom Reisenden, den kein Abweg davor bewahren kann, wieder zu Hause anzukommen. Vertrautes kulturelles Erbe in lateinischer Umschrift:

> »– Doch ein trauriges Lager empfängt sie:
> – Also hingen sie dort aneinandergereiht mit den Häuptern,
> – Alle die Schling' um den Hals, des kläglichsten Todes zu sterben,
> – Zappelten dann mit den Füßen ein Weniges, aber nicht lange.
> – Von Homer bis Himmler!« (Fichte, 2006 [1989], S. 106).

Hieran wird Fichte in *Hamburg Hauptbahnhof. Register* noch einmal anknüpfen. Die Fragmente dieses Bandes bilden den erzählerischen Abschluss der *Geschichte der Empfindlichkeit*, die es immerhin auf 17 der geplanten 19 Bände brachte. Von den »Ketten« ist da die Rede, in die der griechische Dichter Archilochos – »den Jäcki Arschilochos aussprach« (Fichte, 1993, S. 45) – unser Denken gelegt sah, als er im siebenten Jahrhundert vor unserer Zeit über den »Rhythmus« nachsann (vgl. Georgiades, 1958, S. 65); deren Klirren an den unzähligen Unterdrückten sich durch die abendländische Geschichte ziehen sollte; die in der schwulen Weltliteratur zum Fetisch wurden. Und jetzt treten Prousts Baron de Charlus und Genets Querelle »in einem Hinterhof zwischen Othmarschen und Altona auf und spielen Mörder, SS-Mann, KZ-Wärter, bis die Seppelhose an der Seele festwächst, wie Jäcki sagte« (Fichte, 1993, S. 45).

Ein Schlusswort des Schriftstellers Hubert Fichte, der sich damit von seinem Alter Ego emanzipiert:

> »Die Schwulen waren vorn vorn vorn.
> Und auch Jäcki begriff nicht, dass sie nur der Wurmfortsatz waren der Heere der Unempfindlichkeit« (ebd.).

Der Platz der Gehenkten war der letzte Roman, den Fichte druckfertig machen konnte. Im Hamburger Hafenkrankenhaus erlag er am 8. März 1986, kurz vor seinem nächsten Geburtstag, einem Lymphom. Sein Freund Professor Mayer vermutete, er wollte nicht älter als 50 werden (vgl. Mayer, 1998, S. 190).[1]

1 Die Passage lautet wie folgt: »Wir haben Kenntnis von seiner letzten Krankheit. Mir genügt sie nicht. Als ich die Todesnachricht in der Zeitung las (oder war es eine Mitteilung des Rundfunks?), spürte ich sogleich, wie sich ein Gedanke insgeheim vordrängte: er hat früh sterben wollen. Nach dem fünfzigsten Geburtstag, den er mit großer Freude und Dankbarkeit erlebt und auch genossen hatte. So starb er kurz vor dem 51. Geburtstag.«

Ist Krieg oder was?

Queer Nation Building in Berlin-Schöneberg

> »Auch der Begriff der Nation [...] bleibt mir fremd. Vielleicht, weil ich in einer Stadt aufgewachsen bin, die zu keinem Land gehört hat.«
>
> *Michael Wildenhain (2008)*

Der folgende Text wurde zuerst im September 2011 als Eröffnungsbeitrag des von Koray Yılmaz-Günay herausgegebenen Sammelbands Karriere eines konstruierten Gegensatzes: zehn Jahre »Muslime versus Schwule«. Sexualpolitiken seit dem 11. September 2001 *veröffentlicht, den der Verlag Edition Assemblage 2014 erneut auflegte.*

»Ein Mummenschanz der Perversionen«

In unserem Namen ist die im Januar 2006 erschienene Broschüre der Berliner »Initiative Queer Nations« überschrieben. Diese wolle, heißt es im Grußwort des Regierenden Bürgermeisters von Berlin, »an die Tradition Magnus Hirschfelds anknüpfen« und in der Stadt eine Einrichtung zur wissenschaftlichen Erforschung von »Geschichte und Gesellschaftlichkeit der Homosexualitäten und der Diskriminierung Homosexueller« schaffen. Dass hier die eine oder andere »schmerzliche Erinnerungslücke« zu schließen wäre, wie von Klaus Wowereit beklagt (Queer Nations, 2006, S. 5), erweist sich auf den ersten Blick.

»Berlin als die Hauptstadt unseres Landes«, schwärmt der Werbetext, für den der *taz*-Journalist Jan Feddersen, Mitbegründer und Vorstandsmitglied des Vereins, als Redakteur verantwortlich zeichnet, »ist näher denn je an den Lebensgefühlen, die Briten wie Christopher Isherwood Ende der Zwanzigerjahre in ihre Heimat berichteten: liberal, tolerant, im preußischen Sinne bestens geeignet, jeden und jede nach seiner und ihrer Fasson glücklich werden zu lassen« (ebd., S. 12).

Tatsächlich schreibt Isherwood in seinen Memoiren, er habe gewollt, dass die Leser_innen seiner Bücher »in Berlins grauen Straßen und heruntergekommenen Massen, in Armut, Stumpfsinn und Langeweile des überdimensionalen preußischen Provinznests, das zu Deutschlands scheinbarer Hauptstadt geworden war, Spannendes entdeckten«. Dass Nachgeborene ihn um seine Zeit dort beneideten, erschien ihm deshalb »schmeichelhaft, aber auch ironisch« (Isherwood, 1992 [1976], S. 169).

Er selbst drängte damals seine Zimmerwirtin in der Schöneberger Nollendorfstraße dazu, kommunistisch zu wählen (vgl. ebd., S. 120), und empfand »eine herrliche Freiheit« nur in der Gesellschaft burschikoser junger Arbeiter– »und fast alle waren sie arbeitslos« – in einfachen Kreuzberger Kneipen (ebd., S. 34). An den Westen der Stadt erinnert er sich dagegen so:

> »Kreischende Jungs in Frauenkleidern und Mädchen mit Monokel, Smoking und Kurzhaarfrisuren wie in Eton spielten dem schaudernden Betrachter hier Jubel, Trubel, Heiterkeit eines Sodom und Gomorrha vor, womit sie ihnen [sic] die Bestätigung gaben, dass Berlin immer noch die dekadenteste Stadt in Europa sei« (ebd.).

Für Isherwood ist das nur ein »Reklamespruch« im Wettbewerb der Metropolen gewesen, denn was »konnte man da den Berlinbesuchern noch bieten außer einem Mummenschanz der Perversionen?« (ebd., S. 33).

Die Broschüre der »Queer Nations« fährt übrigens unmittelbar fort:

> »Die alljährliche Parade am Christopher-Street-Day zählt zu den mächtigsten touristischen Magneten Berlins: Kein schlechter Ton vermiest diesen sommerlichen Umzug jener, die noch vor gar nicht so langer Zeit verfolgt und bestraft und im bürgerlichen Sinne kaum mehr gesellschaftsfähig sein konnten« (Queer Nations, 2006, S. 12).

Europäische oder anatolische Seite?

Die B1, die hier erst Haupt-, dann Potsdamer Straße heißt, sei »der Bosporus von Schöneberg«, war kürzlich im Berliner *tip* zu lesen, der der voranschreitenden Aufwertung des Stadtteils eine Titelgeschichte widmete (tip, 2011). Das Magazin empfahl Interessierten den Verlauf der Bundesstraße zur groben Orientierung im »neuen Schöneberg«, das im Berlin-Vergleich der letzten Jahre überdurchschnittliche Preissteigerungen bei Neuvermietungen von Standardwohnungen aufweist (vgl. *taz*, 2011). Etwa zweieinhalb Kilometer lang zieht sie sich vom Innsbrucker Platz, wo S-Bahn-Ring und Autobahnauffahrt die südliche Grenze der Innenstadt markieren, bis hinauf zur Kurfürstenstraße, deren Nordseite schon zum Verwaltungsbezirk Mitte gehört, durch das dichtbesiedelte Terrain zwischen Wilmersdorf und Kreuzberg: »Westlich davon liegen die beliebten Wohnlagen, östlich die Problemgebiete« (tip, 2011).

Im Schöneberger Norden ist diese soziale Topografie zuweilen noch mehr Anspruch als Wirklichkeit – nicht nur, weil Menschen aus allen Himmelsrichtungen zusammenströmen, wenn in der Kirche am Dennewitzplatz Lebensmittelpakete der Berliner Tafel ausgegeben werden. In den Nachkriegsblocks der Bülow- und Frobenstraße, einem Quartier westlich der Potsdamer, wo sich institutionelle Anleger am Erbe der aufgegebenen städtischen Baupolitik gesundstoßen, beschweren sich auch Alteingesessene über die Prostitution, die sich hier im Gefolge der EU-Erweiterung ausgebreitet habe. Dabei war die Gegend in der zentralen Randlage der Hauptstadt bereits zu Kaisers Zeiten einschlägig bekannt und bot später literarischen Gestaltungen der westberliner Tristesse das passende Lokalkolorit, vom Weltbestseller der Christiane F. bis zu Pieke Biermanns Huren-Krimi *Potsdamer Ableben*. Die Journalisten Benny Härlin und Michael Sontheimer beschrieben 1983 für die Kulturzeitschrift *Transatlantik* den Drogenstrich und die zahlreichen Billigpuffs und zitierten einen Kenner, der meinte, »wenn Sie mal vierhundert Meter links und rechts von der Bülowstraße einfach alle Leute einsammeln würden, da hätten sie gut und gern 10000 Jahre Knast zusammen« (Härlin & Sontheimer, 1983). Doch der Versuch, sich das eigene Milieu respektabel zu reden, ist nicht neu – die halbe Stadt hat sich so durch die Mauerjahre gemogelt.

Jüngeren Datums ist hingegen in Schöneberg die Frage: »Europäische oder anatolische Seite?« Sie impliziert die Lösung eines Problems, das nach 1989/90 gerade in dieser Hälfte Berlins dringend wurde, wo die sich abzeichnende Realität des »wirtschaftsgeographischen Begriffs ›Deutschland‹« (vgl. Fülberth, 2007, S. 277–281) den Verlust des in der jahrzehntelangen Systemauseinandersetzung inszenierten »Wir« umso spürbarer machte: Wie lässt sich die weitere Zugehörigkeit zu einer »Wertegemeinschaft« begründen, »die trotz des Endes des West-Ost-Konflikts mit ›der Westen‹ umschrieben wird«? Die Antwort – »Es mussten neue Blöcke her, die in überzeugender Weise gegeneinander stehen« (Yılmaz-Günay, 2011, S. 42) – verbindet sich, wie Koray Yılmaz-Günay gezeigt hat, mit dem gesellschaftlichen Aufstieg eines bestimmten Teils der bundesdeutschen Schwulenszene. Für diesen ist »Schöneberg« ebenso sehr Chiffre wie begehrter Lebensort – wobei alles, was damit heute assoziiert wird, im »Westen« liegt.

Hier zog vor dem Rathaus, in dem während des Kalten Kriegs der Durchhaltewillen verwaltet wurde, eine grüne Bezirksbürgermeisterin 1996 erstmals im Vorfeld des Christopher Street Days die Regenbogenfahne auf, und seit dem 1. August 2001 können drinnen Eingetragene Lebenspartnerschaften stilvoll im Goldenen Saal geschlossen werden. Weiter nördlich bietet der Kiez um Nollendorfplatz und Motzstraße außer »schwulen« Blumenläden auch ein gut sortiertes Nachtleben, samt Bars, in denen Jungs aus Rumänien anschaffen, und Clubs, die sich auf die unterschiedlichsten Fetische spezialisiert haben. Natürlich will man da wohnen, am liebsten in saniertem Neo-Renaissance-Stil im Bayerischen Viertel, aber »dabei« ist man auch schon mit einer der Zwei-Zimmer-Hutschachteln, die im Wiederaufbauprogramm der 1950er/1960er Jahre auf den freigebombten Flächen übereinandergestapelt wurden und heute oft für teuer Geld als »Altersversicherung« weggehen. Auch der »Lesben- und Schwulenverband in Deutschland« (LSVD) residiert hier seit einigen Jahren – in einer repräsentativen Altbau-Zimmerflucht, für die der Bezirk die Miete zahlt. Von da wäre es ein bequemer Spaziergang, gen Osten die Bülowstraße entlang, zum »Bosporus«. Doch einflussreiche schwule Publizisten wurden nach dem 11. September 2001 nicht müde, die Gefahren dieser Nähe zu beschwören.

Aufbruch im »Problemgebiet«

Dabei kam die zweite deutsche Schwulenbewegung von der »anderen« Seite. Im Osten Schönebergs, in der Kulmer Straße, eröffnete 1977 die sozialistische Homosexuelle Aktion Westberlin – gegründet vor vierzig Jahren, im August 1971 – das Schwulenzentrum, bald einfach als SchwuZ bekannt. Es befand sich in einer Fabriketage – man nannte so was noch nicht »Loft« – im Hinterhaus einer Mietskaserne im »Sanierungsgebiet«, das zum Abriss für die »autogerechte Stadt« vorgesehen war. Deshalb wurden hier bevorzugt »Gastarbeiterfamilien« angesiedelt, denen Menschen folgten, die dem Bürgerkrieg im Libanon oder der Militärdiktatur in der Türkei entkommen waren.

Damals ein Heranwachsender, erinnere ich mich, dass sich die Männer, die das SchwuZ in den späten 1970er und frühen 1980er Jahren aufsuchten, erkennbar nicht bemühten, bürgerlichen Normen zu entsprechen. Meist Studenten, die es um nichts in den Muff der westdeutschen Provinz zurückzog, vom drohenden Zwangsdienst zu schweigen, führten sie im »Tante-Magnesia-Raum« – eine Hommage an Magnus Hirschfeld, den Mentor der ersten Schwulenbewegung im Berlin Kaiser Wilhelms und der Weimarer Republik – leidenschaftliche Diskussionen über die Beiträge für ein radikales Blatt namens *Schwuchtel* und feierten an den Wochenenden ausgelassene Partys. Aber Konflikte mit der Nachbarschaft gab es allenfalls wegen der Lautstärke, wenn am frühen Sonntagmorgen Brühwarm über den Hof schallte: »Wann, wann, wann fangen wir endlich an, warm zu leben?«

Ist in Schöneberg einfach eine Entwicklung nachgeholt worden, die in den USA bereits Mitte der 1970er Jahre einsetzte? Dort verlor – so Annamarie Jagose in ihrer Einführung in die Queer Theory – das »Befreiungsmodell sowohl für die Schwulen- als auch für die Lesbenbewegung an Bedeutung« (Jagose, 2001 [1996], S. 79). Sie machten sich nun daran, eine »Community« nach dem ethnischen Modell der amerikanischen Schwarzen aufzubauen, die auf »Gay Pride« basierte (ebd., S. 48) und anfangs »den kulturellen Unterschied hervorhob« (ebd., S. 79). Beabsichtigt war, »die Homo-Identität einer legitimen Minderheit zu etablieren, deren offizielle Anerkennung Lesben und Schwulen die Bürgerrechte einbringen würde« (ebd., S. 81).

Indes warnte etwa der schwule französische Philosoph Michel Foucault, der »im Kampf für die Rechte der Schwulen kein Endziel, sondern nur eine Zwischenetappe« sehen wollte (Foucault, 2007 [1994], S. 116), früh vor dem Eincruisen in den gesellschaftlichen Mainstream. Schon im Oktober 1981 schien es ihm »nur ein kleiner Fortschritt«, sollten »die Menschen die Ehe kopieren müssen, damit ihre persönliche Beziehung anerkannt wird« (ebd., S. 117). Vielmehr gehe es darum, das heterosexuelle Modell der monogamen Zweierbeziehung durch »Freundschaft als Lebensweise« abzulösen. Am östlichen Bülowbogen hatten Schwule im gleichen Jahr erst einmal ein leerstehendes Gebäude besetzt, um im »Tuntenhaus« neue Formen des Zusammenlebens auszuprobieren.

»Der Türke war zu schön«

Im alten Schöneberg blieben die Beziehungen zwischen mehrheitsdeutschen Schwulen und »türkischen« oder »arabischen«

Männern nicht notwendigerweise beschränkt auf »friedliche Koexistenz« und gelegentliche kurze, wenn auch intensive Begegnungen auf der »Klappe«, wie im Homo-Jargon die gebührenfreien öffentlichen Bedürfnisanstalten hießen, die es damals anstelle der vollhygienischen und mit funktionaler Musik bespülten Individual-Bezahlklos der Firma Wall gab. In Lothar Lamberts Film *Nachtvorstellungen* von 1977 flieht ein junger Kerl vor seiner nervenden Freundin ins Kino, wo zufällig der schwule Streifen »Der Türke war zu schön« läuft, und beginnt sich in den Protagonisten hineinzuversetzen. »Filmebene, Tagtraum und Wirklichkeit gehen ineinander über«, fasst das Nachschlagewerk *Out im Kino* zusammen, wie er sich nun seinerseits einem Mann zuwendet – der Lambert-Entdeckung Mustafa Iskarani (Schock & Kay, 2003, S. 257). Und der schwule Schriftsteller Hubert Fichte konnte, als er im Frühjahr 1985 die ersten Reaktionen der westberliner Szene auf Aids festhielt, das gerade die Schlagzeilen der Weltpresse zu beherrschen anfing, noch ganz selbstverständlich notieren:

> »Die Schwulen mit positiver Lymphreaktion geben ein Fest.
> Der Kurde Ahmed.
> – Warum sind alle in Deutschland so mürrisch, so traurig?
> – Ist Krieg oder was?
> Hussein der blonde Libanese.
> Familienvater.
> Mit jenem unaussprechlichen Mehr an Rundung am Arsch.
> Wie er stöhnt und sich ficken lässt, oder fickt.
> Was für ein Jammer« (zit. n. Braun, 2005, S. 279f.).

Was nicht heißt, dass alles »multikulti« gewesen sei. Zwei andere Westberlin-Filme Lamberts belegen das Gegenteil: In *1 Berlin-Harlem* aus dem Jahr 1974 findet ein Ex-GI als Schwarzer hier keine eigene Wohnung, doch dafür Schwule, die ihn gern »als exotisches Sexobjekt [...] bei sich aufnehmen«. Als er fälschlich der Vergewaltigung angeklagt wird, erwartet auch der Anwalt, der ihn vor Gericht freibekommt, eine sexuelle Gegenleistung (vgl. Schock & Kay, 2003, S. 17). Und in *Fucking City* von 1981 gibt es nicht nur das Ehepaar, das über Kontaktanzeigen »junge Ausländer für Sexspiele« sucht, sondern ebenso den schwulen Fleischer, der nach Feierabend als Ledermann durch den Park streift. Als es ihm schließlich ein Asylbewerber richtig angetan hat, soll seine Schwester diesen heiraten, damit er »auch künftig mit ihm seinen Spaß haben kann« (vgl. ebd., S. 133). Lambert zeigte Schwule, die – was den allgegenwärtigen Rassismus anbelangt, aber auch durch die Reproduktion von gesellschaftlichen Ausschlüssen untereinander, zumal in den »Herrenbars« mit Klingelknopf – unter den herrschenden Bedingungen Mittäter sind. Entsprechend wurde von sich allmählich etablierenden Homos früh zum Boykott gegen ihn aufgerufen (vgl. ebd., S. 113). Aber wie es ein weiterer authentischer Zeitzeuge unter den Homo-Cineasten, Frank Ripploh (*Taxi zum Klo*, 1980), ausdrückte: »Im Schwulsein liegt Freisein, Schönsein, Ästhetik, sagen sie. In Wirklichkeit und in dem Film ist auch viel Dreck und Bürgerlichkeit dabei« (zit. n. ebd., S. 331).

Geordnete Verhältnisse

Die Bürgerlichkeit heute verdeckt den Dreck besser – für den Deal »Aufenthaltserlaubnis gegen Sex« müsste der Fleischer nicht mehr die Schwester einspannen, er könnte ihn im Goldenen Saal selbst klarmachen. »Gemessen an den eigenen Ansprüchen war das ethnische Modell erfolgreich«, stellt Annamarie Jagose (2001 [1996], S. 82) fest. Das gilt auch hierzulande. Die Verhältnisse scheinen geordnet – wer sich als Hälfte eines Homo-Paars registrieren lässt, gehört (zu) »uns«. Mehrdeutigkeiten wie »Schwuler« und »Familienvater«, erst recht »Schwuler« und »Kurde« oder »Libanese« sind nicht mehr vorgesehen. Als sich die Berliner »Gays & Lesbians aus der Türkei«, kurz GLADT, im November 2003 im Rathaus Schöneberg mit einem zweitägigen Kongress zur Situation türkeistämmiger Lesben, Schwuler und trans Personen in der Bundesrepublik der Öffentlichkeit vorstellten, machte das hauptstädtische Homo-Magazin *Siegessäule* mit der Schlagzeile »Türken raus!« auf. Ein Spiel mit dem Coming-out-Slogan und zugleich rassistische Parole, war beides genau so gemeint: Nachdem »Türk_innen« ihr Coming-out hatten, sollten sie gefälligst als solche unsichtbar werden. Auf den Punkt brachte es 2008 der Titel von Nurkan Erpulats Stück *Bist du schwul, oder bist du Türke?*

Dreißig Jahre nach Foucaults Einspruch hat sich die Differenz, auf die die Aktivist_innen von einst so stolz waren, auf ein überschaubares und in allen westlichen Ländern mehr oder weniger gleichförmiges Repertoire von sexuell »Eindeutigem« reduziert. Statt zu einer »›Anreizung‹ peripherer Lüste«, wie sie sich der Vordenker der »Subversion« vom schwulen Aufbruch erhofft hatte, kam es zu der von Georg Klauda in *Die Vertreibung aus dem Serail* konstatierten »beispiellosen Verknappung von Verhaltensweisen, die als Ausdruck einer devianten sexuellen Identität konstruiert und wahrgenommen« werden (Klauda, 2008, S. 13). Von der breiten Öffentlichkeit als »gewagt« empfunden und vielerorts nach wie vor verpönt, gehören sie in einigen Vierteln deutscher Großstädte – und namentlich im Motzstraßenkiez von Berlin-Schöneberg – zum Straßenbild, ohne dass den weißen Homos dort »die Heteronormierung der eigenen Gesellschaft« (ebd., S. 123) überhaupt noch auffallen würde. Stattdessen erscheint es ihnen plausibel, das Problem der nach wie vor virulenten Homophobie an »die Muslime« zu delegieren. Warum? Sobald man »lesbische und schwule Subjekte als eine Gruppe zu fassen begann, die auch als Minderheit zum Mainstream gehörte, wiederholten sich« – wie Jagose ausführt – »Zentralisierungs- und Marginalisierungsprozesse«. Und dabei verhielt es sich

> »nicht einfach so, dass die lesbische und schwule Community, die das ethnische Modell beschrieb, zufällig überwiegend weiß war.

> Vielmehr konnte die Kategorie *race* [...] als nur unwesentliche oder bestenfalls zusätzliche Identitätskategorie verstanden werden, da die Organisation der Community eben auf einem einzigen Identifikationsmerkmal beruhte: der sexuellen Orientierung« (Jagose, 2001 [1996], S. 83).

Die Eindimensionalität der neuen schwulen Lobby, die sich in Westberlin wie in der Bundesrepublik unter dem Eindruck der Aids-Krise zu formieren begann, erschien angesichts von deren Dramatik zunächst geradezu zwingend – stand doch die reale Gefahr der völligen Entrechtung von Angehörigen der sogenannten »Hauptrisikogruppe« im Raum. Aber wie es hierzulande längerfristig gelingen konnte, die eigene Position in der Gesellschaft über die Abwertung vermeintlich »Anderer« zu stärken, wird letztlich erst vor dem Hintergrund des Kurses verständlich, den Deutschland nach dem Anschluss der DDR nahm. So sehr es bis heute an einer ernsthaften öffentlichen Auseinandersetzung mit den Pogromen des entfesselten »fremdenfeindlichen« Mobs Anfang der 1990er Jahre fehlt, als überall im Land bestialische Morde verübt wurden – so eingespielt ist inzwischen der »zivilisierte« Rassismus, mit dem ihn die Herrschenden zu besänftigen und in ihre »neue Weltordnung« mitzunehmen gedachten.

Im Windschatten dieser Entwicklung vermochten eine Minderheit von Schwulen und noch weniger Lesben sich einen halbwegs anerkannten Platz zu sichern und in sorgfältig abgesteckten Revieren – die daher umso heftiger verteidigt werden – »nach seiner und ihrer Fasson glücklich« zu werden, sofern sie die nötigen finanziellen Voraussetzungen mitbringen. HIV und Aids bedeuten ein erhöhtes Armutsrisiko seit derselben »rot-grünen« Bundesregierung, die »uns« den Herzenswunsch nach amtlicher Anerkennung »sozialer Treue« erfüllte, zu der Volker Beck die Eingetragene Lebenspartnerschaft zum zehnten Jahrestag ihrer Einführung herabstufte (vgl. Beck, 2011). Und wie erstrebenswert kann sie für Menschen sein, die auf Hartz IV angewiesen sind, in Zeiten, da viele Paare beim Jobcenter vorgeben, sich getrennt zu haben, um nicht noch weniger Unterstützung zu erhalten? Doch die Beglückten gaben im Gegenzug ihr Jawort zu den neuen imperialistischen Feldzügen und tragen im Inland bereitwillig zur Stimmungsmache gegen ohnehin besonders benachteiligte Bevölkerungsgruppen bei.

»Im weitesten Sinne dem muslimischen Kulturkreis zuzurechnen«

Es bedurfte als Anstoß nicht des Attentats auf den Filmemacher Theo van Gogh im November 2004 in Amsterdam, begangen von einem »jungen Islamisten aus der marokkanischen Einwanderer-Gemeinde« – wie die Zuschreibung in den Medien meist lautete[1] –, um den »Krieg gegen den Terror« auch in Schöneberg zu eröffnen und hier im Ergebnis die Demarkationslinie »zwischen den Kulturen« auf den Stadtplan zu übertragen.

Das besorgte der aus Westdeutschland zugezogene Jan Feddersen, der bis dahin als Schlagerfreund und Propagandist der »Homo-Ehe« hervorgetreten war, schon ein Jahr früher und gewiss nicht zufällig am Wochenende, als sich GLADT, herausgewachsen aus einem Zusammenschluss schwuler Migranten aus dem Norden des Stadtteils, im Rathaus präsentierte. Den Kindern der »Gastarbeiterfamilien« und Flüchtlinge von einst sollte beigebracht werden, dass ihre Heimatstadt nicht dasselbe sein kann wie »die Hauptstadt unseres Landes«. Der Artikel in der *taz* vom 8. November 2003 erinnerte zunächst an einen Ausspruch des holländischen Rechtspopulisten Pim Fortyn – der 2002 von einem Tierschützer aus der weißen Bevölkerung ermordet worden war, was kaum kritische Betrachtungen zur kulturellen Identität des Täters inspirierte hatte –: »Ich habe nichts gegen Araber, ich schlafe sogar mit ihnen« (zit. n. Feddersen,

---

1 In Deutschland mag öfter die Rede von »Zuwanderern« gewesen sein – eine Wortschöpfung, die aus dem CDU-Jargon in die Amtssprache und damit leider auch in die der Mainstream-Medien übernommen wurde.

2003). Nachdem so vorab klargestellt schien, dass schwuler Rassismus schlimmstenfalls eine Sottise sein konnte, gab Feddersen die Kampfansage von Alexander Zinn weiter, der damals für den LSVD sprach und »auf politische Korrektheiten keine Rücksicht nehmen« wollte: »Wir gehören zur Bürgerrechtsbewegung der Homosexuellen – und wenn Einwanderer uns angreifen, dann darf das nicht tabuisiert werden« (zit. n. ebd.).

Der Autor nannte Beispiele, aus denen er einen »Trend« ablesen wollte, der »in der hauptstädtischen Schwulenszene (und nicht nur dort) ängstliches Gemurmel ausgelöst« habe. So sei die Geschäftsstelle des LSVD – seinerzeit noch in einem schlichten Ladenlokal östlich der Hauptstraße untergebracht – ein »beliebtes Objekt des aggressiven Spotts« von Jugendlichen aus der Nachbarschaft, und ein paar Blocks weiter nördlich gebe es am Schaufenster des Café PositHiv Farbschmierereien von Kids, »deren Aussehen, so heißt es überaus vorsichtig, auf einen türkischen oder arabischen Hintergrund hindeutet«. Das Aids-Selbsthilfeprojekt werde deswegen gar »schließen müssen«, behauptete Feddersen (2003) – tatsächlich verhalf der Alarm dem Café zum Umzug auf die Westseite des Schöneberger Nordens, noch bevor auch der LSVD dort komfortables Obdach fand. Schon vor Ort in Stellung war Bastian Finke von Maneo, »dem Schwulen Überfalltelefon im Berliner Homobürgerrechtszentrum Mann-o-Meter«, der wisse, dass »39 Prozent der Gewaltakte« auf das Konto von jungen Männern gingen, »die im weitesten Sinne dem muslimischen Kulturkreis zuzurechnen sind, egal ob sie einen deutschen Pass haben oder einen der Türkei«. Feddersens Fazit: Schöneberg drohe »jenseits der Nollendorfplatzszene […] für Schwule zur No-go-Area zu werden« (ebd.).

Nicht in meinem Namen

Sechseinhalb Jahre später hielt, wiederum im Rathaus Schöneberg, ein Berliner LSVD-Vorstandsmitglied dem Bundesverbandstag seiner Organisation »erregt die drohende ›Überfremdung‹ deutscher Städte und damit einhergehende ›veränderte Mehrheiten‹« vor Augen (zit. n. Ruder, 2010). Maneo wird heute vom »rot-roten« Berliner Senat wie von den Grünen weiterhin gehätschelt und von den inzwischen in der Stadt aktiven neurechten Kleinparteien gern zur Beglaubigung ihrer »Islamkritik« zitiert (vgl. Bündnis, 2011), auch wenn so ziemlich jede Zahl, die Bastian Finke jemals veröffentlicht hat, mehrfach widerlegt worden ist – selbst Homo-Medien wissen längst, dass die Statistiken des »Anti-Gewalt-Projekts« aller Wissenschaftlichkeit spotten (vgl. Buchterkirchen, 2007).

Was bleibt – abgesehen davon, dass Finke sein Auskommen hat –, ist das Gerücht von den »Muslimen«, das Leute wie er, Alexander Zinn und Jan Feddersen in Umlauf gebracht haben. »Man weiß eigentlich auch, dass es in Berlin häufig junge Männer mit Migrationshintergrund sind, das soll man aber nicht sagen«, schrieb zum Beispiel Martin Reichert am Vortag des Berliner Christopher Street Day 2010 zum Thema »Gewalt gegen Schwule« in der *taz*, wo dies unablässig gesagt wurde, und vermerkte im »Schwulenviertel Berlin-Schöneberg eine nicht mehr wegzudiskutierende Türkenfeindlichkeit« (Reichert, 2010). Die schien ihn, der hier stellenweise nahezu wortgleich wiederholte, was im Vorjahr in einem anonymen Hetzartikel auf *Politically Incorrect* zu lesen war (vgl. Hieronymus, 2014 [2011], S. 137)[2], aber nicht weiter zu stören. Lieber setzte er, abermals analog dem rassistischen Weblog, vereinzelte Übergriffe auf mehrheitsdeutsche Schwule mit der Verfolgung der europäischen Juden in Beziehung und stellte einen abenteuerlichen Vergleich zwischen der Situation der Community und der des im Nahen Osten isolierten Staates Israel an.

---

2 In einem Beispiel für die Propaganda von *Politically Incorrect* heißt es dort: »In Berlin häufen sich die Angriffe auf Homosexuelle. Jeder weiß, dass die Täter fast ausnahmslos junge Moslems sind. Aber das darf man ja nicht denken, geschweige denn aussprechen.«

So wird das gezielt verbreitete Ressentiment denen als unterdrückte Wahrheit aufbereitet zurückgegeben, die befreit ihren unerschrockenen Vorkämpfern beipflichten sollen: »Das muss man doch einmal sagen dürfen.« Und das tun sie nun also und sprechen endlich »alles« aus – hier im Kiez wie anderswo in jenem »Deutschland«, das sich so wenig »abgeschafft« hat, wie die Mehrheit seiner Bewohner_innen bisher in der Lage zu sein scheint, sich gesellschaftlich zu verorten statt in einer »Nation«, die doch auch als »queere« imaginär bleibt. Mögen deshalb andere in ihrem Namen reden – *nicht in meinem.*

Ain't It War?

Queer Nation Building in Berlin-Schöneberg[1]

»The concept of the nation ... remains alien to me. Perhaps because I grew up in a city that has not belonged to any country.«

Michael Wildenhain (2008)[2]

Der folgende Text wurde auf Deutsch unter dem Titel »Ist Krieg oder was? Queer Nation Building in Berlin-Schöneberg« zuerst im September 2011 als Eröffnungsbeitrag des von Koray Yılmaz-Günay herausgegebenen Sammelbands Karriere eines konstruierten Gegensatzes: zehn Jahre »Muslime versus Schwule«. Sexualpolitiken seit dem 11. September 2001 *veröffentlicht, den der Verlag Edition Assemblage 2014 erneut auflegte.*

»A Masquerade of Perversions«

In Our Name is the title of a brochure published in January 2006 by the Berlin initiative »Queer Nations«. According to the greeting words of the Governing Mayor of Berlin[3] in the brochure, this initiative aspires to »build on the tradition of Magnus Hirschfeld« and create an institution in the city for the scientific study of the »history and sociality of homosexuality and the discrimination of homosexuals«. That hereby one or

---

1 Translated from the German by Christopher M. Sweetapple, made possible by Merseburg University of Applied Sciences, Germany.

2 This and all other quotations in this article were translated from German; page references refer to the German editions.

3 Translator's note: The author refers here to the then-mayor of Berlin, Klaus Wowereit, who during his tenure was one of the most nationally recognized gay male politicians in Germany.

the other »painful memory gaps« should be closed, as Klaus Wowereit laments (Queer Nations, 2006, pg. 5), is visible upon first glance.

»Berlin as the capital of our country«, raves the blurb for which the *taz* journalist Jan Feddersen, co-founder and board member of the initiative, is responsible as an editor.

> »It is closer than ever to the sentiments of life [original: Lebensgefühle], of which a Brit like Christopher Isherwood in the late twenties reported back to their homeland: liberal, tolerant, in the Prussian sense perfectly suited to make each and every one happy according to their fashion« (ibid., pg. 12).

In fact, Isherwood writes in his memoirs that he wanted his readers »to find excitement in Berlin's drab streets and shabby crowds, in the poverty and dullness of the overgrown Prussian provincial town which had become Germany's pseudo-capital«. The fact that later generations envied him for his time there seemed to him »flattering, but also ironic« (Isherwood, 1992 [1976], pg. 169).

At that time he insisted that his landlady in the Schöneberg Nollendorfstraße vote for the communists (cf. ibid., pg. 120) and felt »marvelous freedom« only in the company of boyish young workers, »nearly all out of work«, in humble Kreuzberg bars (ibid., pg. 34). On the other hand, he remembers the west of the city this way:

> »Here screaming boys in women's clothes and girls in monocles, tuxedoes, and short haircuts like out of Eton play-acted the high jinks of Sodom and Gomorrah, horrifying the onlookers and reassuring them that Berlin was still the most decadent city in Europe.«

For Isherwood, this was only a »commercial line« in the competition of the metropoles, because »what was left for Berlin to offer its visitors but a masquerade of perversions?« (ibid., pg. 33).

Incidentally, the brochure of the »Queer Nations« continues on:

> »The annual parade on Christopher Street Day [the German term for Gay Pride] is one of Berlin's most powerful tourist magnets: no bad tone spoils this summer's procession of those who were persecuted and punished not so long ago, and, in the bourgeois sense, could hardly be socially acceptable« (Queer Nations, 2006, pg. 12).

European or Anatolian Side?

The B1, first called Hauptstraße, then PotsdamerStraße, is »the Bosporus of Schöneberg«, as recently proclaimed by the Berlin magazine *tip* in a cover story dedicated to the intensified gentrification of the district (tip, 2011). The course of the main road was suggested to the readers of the magazine for a rough orientation in the »new Schöneberg«, which exhibited comparably above-average price hikes for newly-rented apartments in Berlin (see also *taz*, 2011). About two and a half kilometers long, it proceeds from Innsbrucker Platz, where the S-Bahn Ring and highway ramp mark the southern boundary of the city center, through the densely-populated terrain between Wilmersdorf and Kreuzberg: »To the west are the popular residential areas, to the east the problem areas« (tip, 2011).

In the north of Schöneberg, this social topography is at times more of an allegation than a reality—not just because people from all points of the compass come together in the church on Dennewitzplatz when parcels from the Berlin foodbank are distributed. In the post-war blocks of Bülow- and Frobenstraße, a district west of Potsdamer Straße, where institutional investors savor the legacy of abandoned urban construction policy, long-time residents complain about prostitution, which spreads here in the wake of EU enlargement. Already in the imperial era this area in the central outskirts of the capital was quite notorious and later provided literary designs of West Berliner melancholy the appropriate local atmosphere, from the worldwide bestseller of Christiane F. to Pieke Biermann's hooker-thrillers. In a piece for the cultural magazine *Transatlantik* about the dealers' area and the many cheap brothels, the journalists Benny Härlin and Michael Sontheimer quote a connoisseur who said, »if you just collect all the people four hundred meters left and right of Bülowstraße, you would have easily got ten thousand years of jail time together« (Härlin & Sontheimer, 1983). But trying to make one's own milieu respectable is not new—half the city has cheated itself accordingly through the Wall years.

However, in Schöneberg the more recent question is, »The European or Anatolian side?« It implies the solution of a problem that became urgent in this western part of Berlin after 1989–90, when the emerging reality of the »economic geographic term ›Germany‹« (cf. Fülberth, 2007, pg. 277–281) made all the more perceptible the loss of the »we« which was staged in the decades of confrontation with the Soviets: how can the further affiliation to a »community of shared values« under the banner of »The West« be justified, »despite the end of the West-East conflict«? The answer: »There was a need for new blocks, which convincingly stand against each other« (Yılmaz-Günay, 2011, pg. 42)—which connects, as Koray Yılmaz-Günay has shown, with the social advancement of a certain part of the West German gay scene. For this scene, »Schöneberg« is as much a cipher as a desired place of living—with everything associated with it today being in the »West.«

Here, in front of the district city hall, which administered perseverance during the Cold War, a Green district mayor raised the rainbow flag in 1996 in the run-up to the Christopher Street Day, and since August 1st, 2001, partnerships can be stylishly registered in its Golden Hall. Further north, in addition to »gay« flower shops, the neighborhood around Nollendorfplatz and Motzstraße offers a well-stocked nightlife, including bars where boys from Romania hustle and clubs that specialize in a variety of fetishes. Of course one would like to live here, preferably in a renovated Neo-Renaissance apartment in the Bavarian Quarter, but one's already »a part of it« with one of the two-room bandboxes that were stacked on the bombed out areas during the reconstruction program of the 1950s/1960s and which today often get sold for much money as »retirement insurance«. The »Lesbian and Gay Association in Germany« (LSVD) has also been a resident here for several years—in a representative old building suite for which the district pays the rent. From there it would be a comfortable walk, along Bülowstraße to the east, to the »Bosporus«. But influential gay publicists would not tire of summoning the dangers of this proximity after September 11, 2001.

Awakening in the »Problem Area«

In fact, the second German gay movement came from the »other« side. In the east of Schöneberg, on Kulmer Straße, the socialist Homosexual Action West Berlin—founded forty years ago, in August 1971—opened in 1977 the gay center, soon known simply as SchwuZ. It was located in a factory floor—what was not yet called a »loft«—in the back of a tenement block in the »redevelopment area« intended for demolishing for the »car-friendly city«. That is why »migrant worker families« were preferred, followed by people who had escaped the civil war in Lebanon or the military dictatorship in Turkey.

At that time an adolescent, I remember that the men who frequented SchwuZ in the late 1970s and early 1980s did not seem to endeavor to comply with bourgeois norms. Most of the students, who did not miss a thing in the muffle of the West German province, not to mention the imminent compulsory military service waiting for them outside of West Berlin, were passionately discussing in the »Aunt Magnesia Room«—a tribute to Magnus Hirschfeld, the mentor of the first gay movement in the Berlin of Kaiser Wilhelm and the Weimar Republic—the contributions for a radical paper called *Schwuchtel* [literally »faggot«] and celebrated on the weekends with boisterous parties. Conflicts with the neighbors happened usually only because of the volume, when on Sunday morning the lyrics of the band *Brühwarm* rang across the yard: »When, when, when do we finally start to live warm?«[4]

Did Schöneberg just catch up on a development that began in the US in the mid-1970s? According to Annamarie Jagose in her *Queer Theory: An Introduction*, the »liberation model for the gay and lesbian movement has become less important« (Jagose, 2001 [1996], pg. 79). They set out to build a »community« based on the ethnic model of American blacks based on »Gay Pride« (ibid., pg. 48) and at first »highlighted the cultural difference« (ibid., pg. 79). The intention was to »establish the homo identity of a legitimate minority whose official recognition would bring civil rights to lesbians and gays« (ibid., pg. 81).

Meanwhile, the gay French philosopher Michel Foucault, who wanted to see »in the fight for the rights of gays not a final goal but only an intermediate stage« (Foucault, 2007 [1994], pg. 116), warned against cruising into the mainstream of society. As early as October 1981, it seemed to him »only a small step forward« that »people have to copy marriage in order for their personal relationship to be recognized« (ibid., pg. 117). Rather, the point is to replace the heterosexual model of monogamous relationship with »friendship as a way of life«. In the same year, in the eastern part of Schöneberg in the Bülow arc, gays occupied a vacant building in order to try out new ways of living together in the »Tuntenhaus« [literally »house of queens«].

---

4 Translator's note: The name of the band as well the the quoted lyrics in this passage play on an older German idiom for male homosexuality (i.e. »warme Brüder«, English: literally »warm brothers«).

»The Turk was Too Beautiful«

In old Schöneberg, relations between majority German gays and »Turkish« or »Arab« men were not necessarily limited to »peaceful coexistence« and occasional brief, albeit intense encounters in the »Klappe« [similar to the »tearoom«], as homo-jargon called free-of-charge public toilets, which existed at that time in lieu of the Wall company's fully hygienic, individually-paid booths bathed with functional music. In Lothar Lambert's 1977 movie *Late Show* [original title *Nachtvorstellungen*], a young guy escapes his annoying girlfriend and goes to the cinema, where, by chance, the gay film »The Turk was Too Beautiful« was playing, and he begins to empathize with the protagonist. »Film, daydream and reality merge into one another«, sums up the German gay and lesbian cinema reference book *Out im Kino*, as he, for his part, turns to a man—the Lambert discovery Mustafa Iskarani (Schock & Kay, 2003, pg. 257). And in the spring of 1985 the gay writer Hubert Fichte was able to register the first reactions of the West Berlin scene to AIDS, which was just beginning to dominate the headlines of the world press, noting as a matter of course:

> »The gays with positive lymph reaction are throwing a party.
> The Kurd Ahmed.
> – Why is everyone in Germany so grumpy, so sad?
> – Is (it) war or what?
> Hussein the blonde Lebanese.
> Family man.
> With that unspeakable extra on the rounding of the ass.
> How he moans and lets himself be fucked, or fucks.
> What a pity« (cited in Braun, 2005, pg. 279s.).

Which does not mean that everything was happily »multicultural.« Two other West Berlin films of Lambert's prove the opposite: In *1 Berlin-Harlem* from 1974, a black ex-GI can't find any apartment, but only gay men who like to take him home »as an exotic sex object«. When he is falsely accused of rape, the lawyer who freed him in court also expects a sexual return (cf. Schock & Kay, 2003, pg. 17). And in *Fucking City* in 1981, there is not only the couple looking for »young foreigners for sex games«, but also the gay butcher, who wanders through the park after work as a leather man. When he finally takes a liking to an asylum-seeker he encounters, he comes up with the idea that his sister should marry him so that he could »have fun with him in the future as well« (ibid., pg. 133). Lambert showed gays who were accomplices under the prevailing conditions—as far as ubiquitous racism is concerned, but also through the reproduction of social exclusion among themselves, especially in the »gentlemen's bars« with a bell button. Accordingly, the gradually mainstreamed homos started quite early on to call for a boycott of his films (cf. ibid., pg. 113). But, as another authentic witness of the time among homo-cinephiles, Frank Ripploh (*Taxi to the Loo*, 1980 [original title *Taxi zum Klo*]), put it: »One remarks that in being gay lies being free, being beautiful, aesthetics. In reality and in the film there is also a lot of filth and bourgeois culture« (in ibid., pg. 331).

Orderly Relationships

Bourgeois culture today conceals the filth better—for the deal »residence permit for sex« the butcher would not have to rope in his sister, he could register it himself in the Golden Hall of district city hall. »The ethnic model was successful in terms of its own aspirations«, says Annamarie Jagose (2001 [1996], pg. 82).This also applies here in Germany. The circumstances seem ordered—who registers as a half of a homo-couple belongs to »us.« Ambiguities such as »gay man« and »family man«, especially »gay« and »Kurd« or »Lebanese«, are no longer provided. When the Berlin »Gays & Lesbians from Turkey«, in short GLADT, presented themselves in November 2003 in the district city hall in Schöneberg with a two-day congress on the situation of Turkish lesbians, gay men and transgender* in the Federal Republic, the metropolitan homo magazine *Siegessäule* printed the column with the headline »Turks Get Out!« Playing on the coming-out slogan and at the same time a racist slogan, both were meant exactly the same way: after »Turks« had their coming-out, they should be invisible as such. In a nutshell, in 2008, it bore the title of Nurkan Erpulat's play *Are you gay, or are you (a) Turk?*

Thirty years after Foucault's appeal, the difference that the activists of yesteryear were so proud of has been reduced to a manageable and in all Western countries more or less uniform repertoire of the sexually explicit. Instead of an »incentive« of peripheral lusts, as the thought leader of the »subversion« had hoped for in the gay uprising, Georg Klauda found in *Die Vertreibung aus dem Serail* [literal English translation: »The Expulsion from the Seraglio«] »an unprecedented shortage of behaviors that express a sense of belonging devised and perceived as deviant sexual identities« (Klauda, 2008, pg. 13). Seen by the general public as »daring« and in many places still frowned upon, in some districts of major German cities—and especially in the Motzstraße neighborhood of Berlin-Schöneberg—they belong to the street scene without the white homos even noticing there »the heteronormalization of one's own society« (ibid., pg. 123). Instead, it seems plausible to them to delegate the problem of still-virulent homophobia to »the Muslims.« Why? As soon as »lesbian and gay subjects began to be understood as a group that was also mainstream as a minority«, as Jagose puts it, »centralization and marginalization processes recur«. And it was

> »not just that the lesbian and gay community that described the ethnic model happened to be mostly white. Rather, the category race [...] could be understood as an insignificant or at best additional category of identity, since the organization of the community was based on a single identifying feature: sexual orientation« (Jagose, 2001 [1996], pg. 83).

The one-dimensionality of the new gay lobby, which began to form in West Berlin and in the Federal Republic under the impact of the AIDS crisis, seemed almost mandatory in view of its drama—after all, there was a real danger of complete disfranchisement of members of the so-called »main risk group« in the room. But how this could succeed in the longer term to strengthen their own position in society via the devaluation of supposedly »others« is ultimately understandable only against the background of the course that Germany took after the annexation of the GDR. Even today, serious public confrontation with the pogroms of the unleashed »xenophobic« mob in the early 1990s is missing, when beastly murders were perpetrated everywhere in the country—this is how the »civilized« racism, with which the ruling elites intended to appease the East and fold them into their »new world order«, is now so well-rehearsed.

In the slipstream of this development, a minority of gays and even fewer lesbians have secured a reasonably well-respected place and, in meticulously defined territories, which are therefore all the more vigorously defended, where they may become »happy according to their fashion«, provided they bring the necessary financial resources. HIV and AIDS pose a heightened risk of poverty since the years of the same »Red-Green« federal government, which »fulfilled« »our« hearts' desire for official recognition of »social loyalty«, to which Volker Beck, the Green Party's prominent »homo politician«, downgraded the Registered Life Partnership on the tenth anniversary of its introduction (cf. Beck, 2011). And how desirable can it be for people who rely on Hartz IV in times when many couples at the job center[5] pretend to have separated so as not to receive

5 Translator's note: the »job center« mentioned here refers to the division of unemployment subsidies crafted in the wake of the so-called Hartz IV reforms to the German social safety net, reforms not unlike the Clintonian »welfare-to-work« scheme in the USA.

even less support? But the lucky ones, in turn, affirmed the new imperialist campaigns and willingly contributed to the mood in Germany against already particularly disadvantaged sections of the population.

»To be ascribed to the Muslim cultural circle in the broadest sense«

It did not take the assassination of the filmmaker Theo van Gogh in November 2004 in Amsterdam »committed by a young Islamist from the Moroccan immigrant community«—as the media usually attributed it[6]—to inaugurate the »war on terror« in Schöneberg in like manner, nor to transfer the line of demarcation »between the cultures« onto the city map as a result.This was the concern Jan Feddersen, a West Germany transplant who had by then emerged as a proponent and propagandist of »gay marriage«, made one year prior, and certainly not by chance on the same weekend when GLADT, that self-organization of gay migrants from the north of the district, presented itself in the district city hall. The children of »guest worker families« and refugees of former times should be taught that their hometown cannot be the same as »the capital of our country«. His article in the *taz* on November 8th, 2003, first recalled a statement by the Dutch right-wing populist Pim Fortyn—murdered in 2002 by an animal rights activist from the white population, inspiring hardly any critical considerations about the cultural identity of the perpetrator. »I have nothing against Arabs, I even sleep with them« (cited in Feddersen, 2003). After it had seemed clear in

6 In Germany, there have been frequent references to »Zuwanderer« rather than »Einwanderer« (immigrants)—a phrase that has been borrowed from the CDU jargon into official state language and from there into the mainstream media. In short, this change of prefix means: »Immigrants not welcome, we are already complete.«

advance that gay racism could at worst be an affront, Feddersen passed on the challenge of Alexander Zinn, speaker at that time for the LSVD, who »did not want to make any allowances for political correctness« (ibid.). »We belong to the civil rights movement of homosexuals, and if immigrants attack us, then this must not be made a taboo« (cited in ibid.).

The author gave examples from which he wanted to surmise a »trend« that had »caused anxious murmur in the capital's gay scene (and not only there)« (ibid.). For example, the LSVD's office—at the time still housed in a simple shop east of Hauptstraße—was a »popular object of aggressive ridicule« for young people from the neighborhood. And a few blocks to the north, the shop window of Café PositHiv had been color graffitied by kids »whose appearance, it is said extremely cautiously, point to a Turkish or Arab background«. Feddersen claimed that the self-organized AIDS project would even have to »close down« because of this (ibid.). The alarm actually helped the café to move to the west side of Schöneberg North, even before the LSVD found comfortable shelter there. Already standing at the ready on location was Bastian Finke of Maneo, »the telephone hotline for attacked gays in the homo citizens' center Mann-o-Meter«, who knew that »39% of the acts of violence« went to the accounts of young men »who are to be ascribed to the Muslim cultural circle in the broadest sense, all the same whether they have a German passport or one from Turkey« (cited in ibid.). Feddersen's conclusion: Schöneberg is about »to become a no-go area for gays beyond the Nollendorfplatz scene« (ibid.).

Not in My Name

Six and a half years later, again in the Schöneberg district city hall, a Berlin LSVD board member passionately points out to the national convention of his organization »the threat of ›alienation‹ befalling German cities and the shifting numeric weight of ›changing majorities‹ « (cited in Ruder, 2010). Today Maneo is still being pampered by the »Red-Red« Berlin Senate, as well as by the Greens, and is often quoted by the small new right-wing parties active in the city as a way to substantiate their »critique of Islam« (see also Bündnis, 2011), even though almost every figure Bastian Finke has ever published has been refuted numerous times. Even gay media has long recognized that the statistics of the »anti-violence project« spurn all scientific standards (see also Buchterkirchen, 2007).

What lingers on, apart from Finke's livelihood, is the rumor about »Muslims«, which people like him, Alexander Zinn, and Jan Feddersen have helped circulate. »We also know that in Berlin it is often young men with a migration background, but we shouldn't say that«, writes Martin Reichert on the eve of Berlin's Christopher Street Day 2010, on the subject of »violence against gays« in the *taz*, where this has been emphasized more than once. He also notes that in »the gay quarter Berlin »Schöneberg the anti-Turkish hostility is no longer to be ignored« (Reichert, 2010), but that doesn't seem to bother him too much, given that his statement repeats almost word for word an anonymous inflammatory article published on *Politically Incorrect*[7] the year before.[8] He much rather prefers to relate isolated attacks on ethnic German gays to the persecution of European Jews and, much like that racist blog, launches into an adventurous compar-

7 Translator's note: *Politically Incorrect*, among the most visited websites in Germany's mediasphere, is an active blog and clearinghouse which focuses on amplifying news items and opinions critical of leftist discourse in general and of Islam and Muslims in particular. For a neutral description, see its entry on Wikipedia: https://en.wikipedia.org/wiki/Politically_Incorrect_(blog).

8 The following statement is emblematic for the propaganda spread by *Politically Incorrect*: »Attacks on homosexuals are increasing in Berlin. Everyone knows that almost without exception the perpetrators are young Muslims. But one is not allowed to think that, let alone say it out loud« (Cited in Hieronymus, 2014 [2011], pg. 137).

ison between the situation of the gay community and that of the isolated state of Israel in the Middle East.

In such a way, the calculated resentment peddled as repressed truth returns to those free to endorse their fearless champions: »Surely someday one must be allowed to say that«. In so doing, they are finally able to express »everything«—here in the neighborhood as elsewhere in this »Germany«, which has hardly managed to »abolish« itself[9] as the majority of its inhabitants so far seem unable to locate themselves in terms of class, rather than within a »nation« imagined also as »queer.« May others therefore speak in their name—*not in mine*.

---

9 Translator's note: here the author evokes the title of Thilo Sarrazin's infamous 2010 best-selling book *Deutschland schafft sich ab*.

»Sein ganzer Traum von Männlichkeit«

Cem Yıldız sagt, wo es langgeht

Dieser Text erschien gedruckt zuerst im Juni 2010 in der Zeitschrift Rosige Zeiten. *Koray Yılmaz-Günay nahm ihn 2011 in den von ihm herausgegebenen Sammelband* Karriere eines konstruierten Gegensatzes: zehn Jahre »Muslime versus Schwule«. Sexualpolitiken seit dem 11. September 2001 *auf, der seit 2014 in einer Neuausgabe bei der Edition Assemblage vorliegt.*

Cem Yıldız ist in Berlin-Schöneberg zu Hause, wo Trends für den schwulen Mainstream der Bundesrepublik gesetzt werden – nur beruflich war er lange Zeit »vom Outfit her eher Neukölln« (Yıldız, 2009, S. 24). Heute ist er 31 und absolviert eine Ausbildung zum Heilpraktiker. Er bekundet, selbst nie ein Problem damit gehabt zu haben, auch auf Männer zu stehen, und sagt, er raste aus, wenn er mitbekomme, dass »Homos zusammengeschlagen, bedroht und blöd angemacht« werden (ebd., S. 39). Wenn es ungewollt geschieht, wäre hinzuzufügen. Denn mit seinem Bericht *Fucking Germany. Das letzte Tabu oder Mein Leben als Escort* bietet er eine gänzlich andere als die in den Medien gepflegte Perspektive auf das Thema »Schwule als Opfer« beziehungsweise »hypermaskuline Jugendliche nichtdeutscher Herkunft« als Täter. Doch Yıldız kann auf zuverlässiges empirisches Material zurückgreifen: Über ein Jahrzehnt lang gab er – der »kein Akademikerkind« ist, aber »auch nicht aus einer Problemfamilie« stammt (ebd., S. 216) – auf Bestellung »den ›authentischen‹ knallharten Türkenmacker von der Straße« (ebd., S. 13), in Berlin und auf Kurztrips auch andernorts im Land. Bezahlt wurde er dafür vor allem von homosexuellen Männern, und besonders gern buchten die ihn für die

»Ghetto-Nummer« (ebd., S. 24) – inszenierte Überfälle mit anschließender »brutaler Vergewaltigung«. Seine Erfahrung: »Je krasser die Filme und Klischees, die sie im Kopf haben, desto höher die Nachfrage nach dem wilden, gewalttätigen Ali« (ebd., S. 64).

Vom angesagten Porno zur politischen Kampagne kann es in Schöneberg ein kurzer Weg sein. So beginnt der Berliner LSVD (Lesben- und Schwulenverband in Deutschland) jetzt, mit zusätzlichen finanziellen Mitteln vom Staat einen »Regenbogenschutzkreis« um den Homokiez zu ziehen. (»Am Ende geht es eben bei diesem Geschäft – wie bei allen anderen Geschäften auch – um Geld«, heißt es bei Cem Yıldız über das seine, das ein reelles ist [ebd., S. 19].) Bald werden wohl bunte Aufkleber an den Guckloch-Türen »unserer« bevorzugten Cruising-Bars darauf hinweisen, dass hier verfolgte Schwule Zuflucht finden – und damit eindrucksvoll von der gefühlten Gefahr zeugen.[1] Doch wo inzwischen sogar die bekannt merkwürdigen statistischen Erhebungen des ortsansässigen »Anti-Gewalt-Projekts« Maneo nicht mehr hergeben als die interessierte Vermutung, es könnte aber zumindest die »Dunkelziffer« einschlägiger Vorfälle im Viertel gestiegen sein[2], da belegt Yıldız' Buch, dass sich andererseits aus den »Angst- und Bedrohungsszenarien [...], die gerade durch die Köpfe der Menschen geistern« (ebd., S. 13), durchaus ganz konkrete Situationen machen lassen.

Bleibt die Frage, wer dabei wirklich oben liegt. Jennifer Petzen (2014 [2005/2011]) stellte sie im Titel ihrer wegweisenden Studie über »türkische und deutsche Maskulinitäten in der schwulen Szene«. Cem Yıldız fand die Antwort früh in seinem Job als »türkischer Stecher« (Yıldız, 2011, S. 24 u.ö.): Nach

---

1 Dieses fragwürdige Projekt, seinerzeit mit großem Brimborium angekündigt, ist bald wieder aufgegeben worden, ohne dass es in Schöneberg irgendwelche erkennbaren Spuren hinterlassen hätte.

2 Eine fundierte Kritik an Maneo findet sich bei Buchterkirchen, 2007.

einer »Zwei-Stunden-Session mit einem Ober-Maso« hatte er sich

> »noch den Schwanz im Bad gewaschen und wollte gehen. Doch irgendwas ließ mich stutzen, vielleicht war es das aufmüpfige Grinsen des Typs, der eben noch unter mir gelegen hatte. ›Ey, Alter‹, sagte ich dann zu ihm, ›ich mache ja hier eigentlich die ganze Zeit nur, was du willst.‹« (ebd., S. 78).

Und genau das tat er, der bis heute nebenher gelegentlich als DJ in Technoclubs auflegt, nach seiner abgebrochenen Konditorlehre jahrelang – mithilfe von reichlich Kokain, später auch Viagra, und innerhalb bestimmter Grenzen, um sich zu schützen. Denn Kunden wie dem Psychiater, der begehrt, »langsam, aber strukturiert vernichtet« (ebd., S. 85) zu werden, ist es egal, was aus Yıldız würde, sollte er darauf mit letzter Konsequenz eingehen. Aber befristet gewährte er die ersehnte Erlösung vom Ich. Der »selbstbewusste Homo, der in einer Agentur oder so was arbeitet, ›kreativ‹ ist«, mag sie in der Tiefgarage gefunden haben, wo er sich gegen Bares demütigen, verprügeln und vor laufender Überwachungskamera nehmen ließ – von »einem aggressiven Heterotypen, also einem ›richtigen Mann‹, der ihn genauso behandelt, wie er sich fühlt, wie ein Stück Dreck« (ebd., S. 31, 30). Von einem »Türken«, meint das in solcher Vorstellung – wird doch die »rohe Natur« des »Südländers«, dem man vorwirft, nicht integriert zu sein, zugleich – wie Petzen schrieb – »in der mehrheitsdeutschen Schwulen-Community als sexuell unwiderstehlich fetischisiert« (Petzen, 2014 [2005/2011], S. 40). Aber wenn er »den weißen Mann auf Verlangen dominiert«, dient seine »Macht« nur dazu, dessen »weißes koloniales Begehren zu befriedigen« (ebd., S. 42). Cem Yıldız weiß das: »Ich bin für sie nur eine Phantasie, die so drängend ist, dass sie unbedingt wahr werden muss. […] So dringend, dass sie bereit sind, hundert Euro dafür zu bezahlen« (Yıldız, 2011, S. 22f.).

Yıldız' Buch ist mehr als ein »kleiner Beitrag zur Wahrheit« (ebd., S. 211). Es wirft aus einem Winkel, der weithin tabuisiert wird, helles Licht auf etwas, was auch in der Homoszene grundfalsch läuft und dort nur noch notdürftig mit der Regenbogenfahne drapiert und durch triefende Selbstgerechtigkeit kaschiert wird. Doch schon Marcel Proust fand ja, als er im letzten Band der *Suche nach der verlorenen Zeit* dem geheimen Leben seiner schwulen Hauptfigur nachging, offenbar weniger die sexuellen Exzesse im Pariser Männerbordell verwerflich als vielmehr das unerträglich, was sich ihm gerade dort von unserer gesellschaftlichen Normalität enthüllte. Sicher besteht heute mehr »Reisefreiheit«, was die erotische »Grenzüberschreitung« anbelangt (vgl. ebd., S. 117) – und »frei« ist schließlich auch der 24-jährige rumänische Papa, der sich als Stricher in Berliner Parks für zwanzig Euro einen blasen lässt, damit seine beiden kleinen Töchter daheim an der ungarischen Grenze etwas Warmes auf den Tisch bekommen (vgl. ebd., S. 10). Aber wenn es wirklich »keine Verklemmungen mehr gäbe und statt der Lüge und der Angst nur noch Offenheit, Vertrauen und Mut herrschten, dann müsste niemand mehr für etwas so Menschliches wie Sex bezahlen« (ebd., S. 213f.).

Bei Proust beschwor Monsieur de Charlus erst, während seine Augen wie gebannt einem auf der Straße vorbeigehenden »Senegalesen« folgten, der indes »nicht zu bemerken geruhte, wie sehr er bewundert wurde«, noch einmal den imaginierten Orient des französischen Klassizismus (Proust, 2004 [1927], S. 173). Wenn er dann, einige Seiten später in dem Etablissement eingetroffen, darauf »bestand, dass man ihm um Hände und Füße Eisenringe von erprobter Festigkeit legte«, und er nach ausgesucht »grausamen Instrumenten verlangte [...], so lag auf dem Grund von dem allem [...] sein ganzer Traum von Männlichkeit« (ebd., S. 218f.). Dagegen taten die jungen Arbeiter und Soldaten, die dort anschafften, mit ihm »sozusagen in aller Unschuld und für einen mittelmäßigen Lohn Dinge [...], die ihnen kein Vergnügen bereiteten«. Doch sie »machten sich seit langem nicht mehr klar, was an dem Leben, das sie führten, moralisch oder unmoralisch sein mochte, weil es gleichzeitig das der Menschen ihrer Umgebung war« (ebd., S. 214). So lenkt Proust den Blick von den Projektionen einer lüsternen und gewalttätigen Fremde auf die triste Wirklichkeit der Gesellschaft, die sie hervorbringt. Er schließt mit der Überlegung, es könnte jemandem, der in ferner Zukunft »ihre Geschichte liest, so vorkommen, als tauche sie manche zarte und reine Gewissen in einen Lebensraum, der ungeheuerlich und verderblich erscheinen mag, in dem jene sich aber zurechtfanden« (ebd.).

Cem Yıldız fand sich zurecht. Es scheint, dass er auch jenseits des Rollenspiels, das er verkaufte, einer ist, der weiß, wo es langgeht.

»Wir sind n Liebespaar. Okay?«

Für Perihan Mağdens *Ali und Ramazan*

Dieser Text wurde in einer leicht abweichenden Fassung unter dem Titel »Ali und Ramazan« zuerst im Mai 2012 in der Zeitschrift Rosige Zeiten *veröffentlicht.*

Der packendste »schwule« Roman seit Langem ist von einer Frau und kommt aus der Türkei: *Ali und Ramazan* von Perihan Mağden, einer prominenten gesellschaftskritischen Schriftstellerin und Zeitungskolumnistin, war dort 2010 »Buch des Jahres« und stand monatelang auf der Bestsellerliste. Hierzulande hat diese Geschichte bei einigen Rezensenten aus der »Community« Anstoß erregt. Aus stilistischen Gründen, wie sie sagen. »Kitsch« lautet der Vorwurf, der sich ästhetisch gibt und doch nur schlecht kaschieren kann, dass es die politischen Implikationen sind, die hier nicht gefallen. Zum »Beleg« schreiben sie einer vom anderen diese unschuldige »Stelle« ab:

> »Ali und Ramazan vereinigen sich erstmals in jener Nacht, auf dem Bettsofa des Herrn Direktor, und das wieder und wieder, bis zum nächsten Morgen. Sie werden eins. Werden zu Ali und Ramazan. Bis in alle Ewigkeit. Bis zum Ende ihrer viel zu kurzen Ewigkeit« (Mağden, 2011 [2010], S. 61).

Sie sind zwei Jungen in einem İstanbuler Waisenhaus. Ali hat es nach einer Familientragödie, deren Einzelheiten im Unklaren bleiben, aus der Provinz Hatay im äußersten Süden der Türkei hierher verschlagen. Er gehört zur arabischen Minderheit der Aleviten oder – in religionswissenschaftlicher Terminologie – Nusayris, weshalb ihn Ramazan »mein Fellache« nennt, und sein prügelnder Vater war ein versoffener Fischer (vgl. ebd., S. 19, 21 – Das Abschreiben verrät sich unter anderem darin, dass daraus gleich bei mehreren schwulen Bloggern »Ali, der Kurde aus einem Bergdorf« wird! Aber klar doch, passt schon, von Kurden und dass es da irgendein Problem gibt, haben »wir« schon mal was gehört ...). Der wunderschöne Ramazan wurde als Säugling im Innenhof einer Moschee ausgesetzt und vom Imam und seiner Frau nach dem Morgengebet der staatlichen Obhut übergeben – womit dann auch die Religion ihre Rolle in diesem Buch gespielt hat. Das Berliner Homo-Magazin *Siegessäule* hebt dies in seiner Besprechung – eine löbliche Ausnahme – hervor: »Und nicht einmal fällt das Wort Islam« (Siegessäule, 2012). Stattdessen erlebt das Kind von früh an, was bei uns vorzugsweise aus kirchlichen Einrichtungen bekannt geworden ist: fortgesetzten sexuellen Missbrauch, in diesem Fall durch den »Herrn Direktor«. Ali und Ramazan freunden sich an, verlieben sich ineinander, und es geschieht: siehe oben. Ich möchte lieber nicht wissen, was nach dem literarischen Geschmack des schwulen Mainstreams bei zwei Jugendlichen passieren sollte, die es zum ersten Mal miteinander treiben und herausfinden, dass es gut ist, das Beste, was sie bisher erlebt haben – für Ali und Ramazan jedenfalls bewirkt es genau das, was Perihan Mağden beschreibt. Die beiden sind fortan unzertrennlich. Um noch einmal die *Siegessäule* zu zitieren: »Für so eine Liebe würde man auch Dreck schlucken« (ebd.). Und den werden sie zu schlucken bekommen, reichlich.

Wir wissen, dass ihre Geschichte schlecht ausgeht, denn sie wird uns vom Ende her erzählt: Meldungen, die im Dezember 1992 im Massenblatt *Hürriyet* erschienen, auf Seite drei, dort, wo sich die Räuberpistolen finden und das Schlüpfrige. Da ist einmal vom tödlichen Sturz eines Strichers die Rede, der sich, die Taschen voller Geld, aus einer Wohnung im sechsten Stock eines vornehmen Apartmenthauses abseilen wollte, in der er zuvor seinen Freier umgebracht hatte. Dann von einem jungen Mann, einem Lösungsmittel-Schnüffler, der sich im Rohbau eines neuen Kinderheims erhängt hat. »Waren Ali und Ramazan also Schwuchteln? Endet man so als Schwuchtel? Reißt einfach das Kabel, man stürzt ab und ist tot?«, fragt die Autorin. »Und wer sind die beiden überhaupt? Welche Bedeutung haben sie?« (Mağden, 2011 [2010], S. 12). Es ist eine wahre Geschichte, deren traurige Fakten Perihan Mağden recherchiert hat und für deren innere Authentizität und Schönheit inmitten einer brutalen Wirklichkeit ihre Kunst bürgt. Kitsch wäre etwas ganz anderes: das nämlich, was viele deutsche Kritiker von einem »schwulen« Roman aus der Türkei offenbar erwarten, obwohl sie es besser wissen könnten, nachdem inzwischen beispielsweise Bücher von Murathan Mungan und küçük iskender in Übersetzung vorliegen (um nur zwei der bekanntesten »einschlägigen« Vertreter der türkischen Gegenwartsliteratur zu nennen). Doch nein, Ali und Ramazan gehen nicht zugrunde, weil ihnen eine dem religiösen Eifertum verschriebene Gesellschaft aus purer Homophobie ihr Glück nicht gönnte. Sie gönnt es ihnen nicht, das stimmt, aber dem Glück der beiden steht zuallererst eine soziale Ordnung entgegen, in der arme Jungen wie sie keine Chance haben und die durch ein Coming-out nicht aus der Welt geschafft wird. »›Scht‹, macht Ramazan. ›Nimm dieses Wort nich in den Mund. Wir sind keine Schwuchteln oder so was. Wir sind n Liebespaar. Okay? Wir sind einfach ineinander verliebt‹« (ebd., S. 67).

Mit 18 werden Ali und Ramazan, die nur die Grundschule besucht haben, vom Waisenhaus vor die Tür gesetzt und sollen selbst sehen, wo sie bleiben. Damals hat die »marktwirtschaftliche Modernisierung« der Türkei begonnen, reihenweise fallen Jobs für Menschen ohne Ausbildung weg. Die beiden erfahren die Staatsgewalt, einer nach dem anderen beim Zwangsdienst in der Armee, Ramazan auch, als er auf einer Polizeiwache gefoltert wird. Er macht für Geld, was er gelernt hat, von früh an beim Herrn Direktor, und doch nur mit seinem Ali gern tut: Er fickt – damit sie zu einer kleinen Wohnung kommen und sich über Wasser halten können. Ali ist ein kräftiger junger Mann, doch weil ihm die Ehrlichkeit ins Gesicht geschrieben steht, findet er nicht einmal als Markthelfer Anstellung. Er beginnt zu trinken und zu schnüffeln, denn er kommt mit Ramazans Sexarbeit nicht klar. Dessen Kundschaft reicht vom einfachen Lastträger über den braven mittelständischen Familienvater, bei dem das angewärmte Milchfläschchen fürs Baby auf dem Tisch steht, bis zum exaltierten Oberschicht-Schwulen. Je wohlhabender die Freier sind, desto fordernder treten sie dem »Bezahlstecher« gegenüber auf: »›Hach, unser Schnucki sieht ja nicht nur lecker aus, sondern ist auch ein richtig harter Kerl! Haben wir denn auch einen ordentlichen Bolzen im Paket?‹« (Mağden, 2011 [2010], S. 172) Umso weniger auch wollen sie Ramazans selbstbestimmte Grenze akzeptieren – er macht es nur »aktiv«, was nicht verhindert, dass bei jeder »Nummer« gegen Bares »seine Seele [...] von allen Seiten durchgefickt« wird (ebd., S. 108). Doch für seinen letzten Kunden, einen Komponisten türkischer Kunstmusik, hält er hin, nach reichlich Alkohol und in der Aussicht auf eine besonders hohe Summe, mit der es dann vielleicht reichen würde, um mit Ali irgendwo anders ein neues Leben anzufangen. So weit ihre »viel zu kurze Ewigkeit«.

Was Perihan Mağden, ohne ihre »Helden« zu idealisieren, eindrucksvoll zeigt und was von ihren schwulen deutschen Kritikern in Wahrheit abgelehnt wird, ist die »Klassenkenntnis«, von der Pier Paolo Pasolini in seinen *Freibeuterschriften* einmal sagte, dass ohne sie das Klassenbewusstsein unvollständig bleibe. So herum stellte sich das Problem zu seiner Zeit, in den frühen 1970er Jahren – lange bevor der akademische Begriff »Intersektionalität« geprägt wurde. Pasolini sah »Homosexualität«, sofern damit gleichgeschlechtliches Begehren, schwuler Sex gemeint war, als etwas »klassenunabhängig Universelles« an, etwas, was es in jeder Epoche menschlicher Geschichte und Kultur gegeben hat, und empfahl der politischen Linken, darin das Potenzial einer Ergänzung der marxistischen Analyse gesellschaftlicher Zusammenhänge zu erkennen. Die Idee, diese aufzugeben und eine »schwule Identität« unabhängig von der sozialen Position anzunehmen, lehnte er dagegen ab (vgl. Pasolini, 1978 [1975], S. 119f.).

Die engagierte türkische Linke Perihan Mağden stellt ihrem Buch ein Zitat des Situationisten Raoul Vaneigem voran:

> »Leute, die über Revolution reden oder über Klassenkampf, ohne sich dabei explizit auf das alltägliche Leben zu beziehen, die nicht verstehen, was subversiv an der Liebe ist und was positiv ist an der Zurückweisung von Beschränkungen, solche Leute haben eine Leiche in ihrem Mund« (zit. n. Mağden, 2011 [2010], S. 7).

Vielleicht kann sich davon hier und heute nicht angesprochen fühlen, wer schon vom Klassenkampf bestimmt nie redet – aber worauf kauen solche Leute eigentlich herum? Dieser Roman jedenfalls ist der Konfektionsware, die unter dem »schwulen« Label en gros angeboten wird, himmelhoch überlegen, denn er spricht von etwas, wofür »uns« auf dem Weg der Normalisierung und Verbürgerlichung »der« Homosexualität das Gefühl abhandengekommen zu sein scheint: von der ganz großen, der einmaligen Liebe zweier junger Männer unter widrigsten sozialen Umständen.

Erinnerung an küçük iskender

»[W]ie auch immer ...
erscheine mir schön in meiner Nacht der Trennung
denn meine Waffe ist nur gegen das plumpe Leben gerichtet«

küçük iskender (2011, S. 67)

Wäre der 1964 geborene schwule Istanbuler Poet küçük iskender – sein Autorenname bedeutet »kleiner Alexander«, und er schrieb ihn in Minuskeln – schon mit 27 gestorben, hätte das »irgendwie passend« erscheinen können. Die gut sortierte globale Popkulturindustrie, die er als eine Erfahrungsebene seiner – meiner – Generation in die türkische »E-Literatur« einbrachte, hat auch für die Nachfrage nach »Fällen« wie ihm ein Angebot zugeschnitten, und es ist nicht das schlechteste. Hätte er es angenommen, würde er, der Rock 'n' Roller unter den Lyrikern, die unaufhörlich von Liebe und Tod singen, heute wie Kurt Cobain und Amy Winehouse zum legendären »Klub 27« genialer Künstler_innen zählen, die in ihrer exzessiven Kreativität so wenig Rücksicht auf ihren Körper nahmen wie er auf seinen. Allerdings wird dafür im Gegenzug eben erwartet, die zu Markt getragenen Ausschweifungen – Alkohol und andere Drogen oder gar ein Leben als *sex radical* – in angemessener Kürze der Zeit zu einem tragischen Ende zu führen, damit es umgehend kommodifiziert werden kann. Doch küçük iskender war von Herzen Anarchist und missachtete auch solche Gesetze: Er wurde sogar noch ein klein wenig mehr als doppelt so alt wie für diese Sorte Legendenbildung vorgesehen und starb gerade deshalb viel zu jung. Am 3. Juli 2019 erlag er nach monatelangem Aufenthalt in der Intensivstation eines Krankenhauses seiner Geburtsstadt einem Krebsleiden.

»Live« bin ich ihm am 10. November 2003 begegnet, in einem Jugend- und Kulturzentrum in der Potsdamer/Ecke Pallasstraße in Berlin-Schöneberg, an einem Montagabend. Die

Veranstaltung mit küçük iskender war eine Art Nachklang zum großen Kongress, mit dem sich GLADT am Wochenende zuvor erstmals einer breiten Öffentlichkeit vorgestellt hatte (vgl. »Ist Krieg oder was?« / »Ain't it war?« im vorliegenden Buch). Ich war neugierig auf ihn, hatte vom »verwegenen« Image des berühmten Dichters gehört, von dem am Rand des Saals mindestens ein Dutzend verschiedene Bände zum Verkauf auslagen, aber ich konnte ja noch kaum Türkisch, freute mich schon, wenn ich aus seinem Vortrag immer mal wieder mir geläufige kulturelle Referenzen, von David Bowie bis Julia Kristeva, heraushörte und genoss ansonsten seine physische »Performance«. Ja, er gab – ein Widerspruch in sich – genau den auf alle Konventionen pfeifenden Literaten, den das sprachkundigere Publikum von ihm erwartete. Doch während er im Lauf der Lesung ein Sixpack Beck's leerte und eine Zigarette nach der anderen rauchte, schien ihm sein »Gig« selbst so viel Spaß zu bereiten, dass nichts daran aufgesetzt wirkte. Als er es schließlich in mehreren Anläufen nicht vermochte, das Wort »Türkiye« auszusprechen, ohne loszuprusten, war es auch um mich geschehen – und ich wünschte mir, ich könnte »Deutschland« genauso weglachen. So heiter eingestimmt, wurde danach sogar ein gemeinsamer Ausflug in die »Dunkelkammern« des Schöneberger Homokiezes zum Vergnügen.

Seit 2011 gibt es von küçük iskender zumindest einen schmalen Auswahlband auf Deutsch. Blättert man ihn auf der Suche nach Antworten auf die Frage durch, was diesen Poeten in der Türkei so immens populär machte – einige seiner 26 Gedichtbände erlebten dort bis heute, für zeitgenössische Lyrik in Deutschland undenkbar, sechs oder sogar sieben Auflagen, und selbst wenn er in entlegenen Provinzstädten auftrat, gab es regelmäßig lange Warteschlangen –, bleibt man ratlos, wenn man den in unseren Breiten leider eingeübten Abstand zwischen »Alltagsverstand« und »hoher Literatur« zugrunde legt. Seine Gedichte, wiewohl in der Tradition der türkischen Moderne »geerdet«, sind voller Reminiszenzen an den französischen Symbolismus, die US-amerikanische Beat Generation und den Rock 'n' Roll, an »postmoderne« Philosophie und »ungeschützten« schwulen Sex im Zeitalter von HIV und AIDS. »Typische« Verse lauten etwa: »dann kommt Lou Reed / und wir frühstücken zusammen / Schafskäse, Oliven, schwarze Feigenmarmelade/und etwas Blut, zwischen zwei Scheiben Brot« (küçük iskender, 2011, S. 76) oder »ein gescheiterter Rebell von dreiunddreißig / in seinem Arsch siebenundsiebzig Peniswunden / diese Karte schicke ich dir/höchstwahrscheinlich/aus Paris« (ebd., S. 34). Hierzulande würde sich bestenfalls die akademische literarische Hermeneutik an die »Entschlüsselung« solcher Zeilen wagen, in der Türkei aber unternahm eine unerschrockene junge Generation von Leser_innen unterschiedlichster Herkunft diese Aufgabe und übte sich dabei im freien Denken.

Das Erstaunliche an der politischen Wirksamkeit von küçük iskenders Gedichten ist – von hier aus gesehen –, dass er sich nirgendwo in seinem Schreiben an das »Volkstümliche« anbiederte oder gar irgendeine Form von »Parteilyrik« ablieferte. Im Gegenteil, wenn sich in seinen Lesungen »die alleranarchistischsten Kids und die am meisten ›bedeckten oder bekopftuchten‹ Mädchen« zusammenfinden konnten, ohne sich zu zerstreiten (Stockford, 2015) – aber vielleicht, um später gemeinsam den so hoffnungsvoll stimmenden Gezi-Park-Aufstand von 2013 zu machen –, lag es einerseits an dem Respekt, den man ihm allgemein als »offen« lebendem Schwulen entgegenbrachte (ebd.). Andererseits schätzte man, dass er niemals die Poetik kompromittierte, die er in seinen *Notizen für Rimbaud* formuliert hatte, wobei das »Schiff« natürlich für den genialischen jungen Dichter und seine Dichtung steht:

> »Gibt es etwas Schrecklicheres, als dass ein Schiff nach einem Anlegehafen suchen muss?
>
> Was die Beziehung zwischen Schiff und Hafen definiert, dürfte in diesem Fall das Bedürfnis nach Zuflucht und Schutz sein – und zugleich die Unfähigkeit, den Wunsch nach einer systemkonformen Selbsterneuerung aus seinen Gedanken zu verbannen! [...] Der

> Versuch, sein Gedicht in einem Hafen unterzubringen, kann den Dichter nur zu einem Falschmünzer werden lassen, zu nichts anderem!« (küçük iskender, 2011, S. 90).

Er wog die abgenutzte Rede von der »Haltung des Dichters«. Gemeint sei damit meistens »das respektvolle Porträt eines Menschen, der, aus politischer Identität geformt, bereit ist, die Opferrolle am Altar einer freien Welt zu spielen«. Dem setzte er sein ganz anderes Verständnis von »Haltung« entgegen:

> »[...] nicht Standfestigkeit unter Beweis zu stellen, die doch schnell erlahmen kann, sondern den Mut, gemeinsam [mit anderen] und für sich selbst [...] auf den Beinen zu stehen, [...] fern von jedem Despotismus, die Dimensionen ständig ausdehnend. [...] Solange wir der Bedeutung der Worte und deren Ableitungen aufmerksam folgen, werden wir unsere Kraft aus einer geheimen Machtquelle schöpfen« (ebd., S. 90f.).

Und daraus zog er eine radikale Schlussfolgerung zum Verhältnis von Leben und Literatur, der ich mich zum Ende dieses Bandes anschließen möchte: Denen, »die das Lächeln aus unserem Gesicht, die Frechheit aus unserem Herzen und die Aufrichtigkeit aus unserem Gehirn ausreißen wollen, sollen wir nicht nur das Wort, sondern auch die Körpersprache entgegensetzen. Schlagen wir sie!« (ebd., S. 91.).

Literatur

Asholt, Wolfgang (1986). Juan Goytisolo: »Señas de identidad«. In Volker Rolof & Harald Wentzlaff-Eggebert (Hrsg.), *Der spanische Roman vom Mittelalter bis zur Gegenwart* (S. 379–397). Düsseldorf: Verlag Schwann-Bagel.

Beck, Volker (2011). Interview mit Volker Beck. *Siegessäule*, August 2011.

Bendhif-Syllas, Myriam (2010). *Genet, Proust: chemins croisés*. Paris: L'Harmattan.

Bloch, Ernst (1952). *Avicenna und die aristotelische Linke*. Berlin: Rütten & Loening.

Braun, Peter (2005). *Eine Reise durch das Werk von Hubert Fichte*. Frankfurt a. M.: Fischer Taschenbuch.

Brentjes, Burchard & Brentjes, Sonja (1979). *Ibn Sina (Avicenna). Der fürstliche Meister aus Buchara*. Biographien hervorragender Naturwissenschaftler, Techniker und Mediziner, Band 40. Leipzig: BSB B. G. Teubner Verlagsgesellschaft.

Buchterkirchen, Ralf (2007). Maneo: Opfertelefon auf Feindbildsuche. *Rosige Zeiten*, Oktober/November 2007. https://schwule-seite.de/maneo-opfertelefon-auf-feindbildsuche/ (02.11.2019).

Bündnis (2011). Presseerklärung »Den ›Bewegungsschwestern‹ ans Herz gelegt« des Berliner Bündnisses »Rechtspopulismus stoppen« vom 18.04.2011. https://salihalexanderwolter.de/wp-content/uploads/2013/07/Den-%C2%ABBewegungsschwestern%C2%BB-ans-Herz-gelegt.pdf (02.11.2019).

Çetin, Zülfukar & Voß, Heinz-Jürgen (2016). Schwule Sichtbarkeit – schwule Identität. Kritische Perspektiven. Gießen: Psychosozial-Verlag.

County, Jayne (1995). *Man Enough to Be a Woman*. London u. New York: Serpent's Tail.

Deleuze, Gilles (1987) [1986]. *Foucault*. Frankfurt a. M.: Suhrkamp Verlag.

Eberstadt, Fernanda (2006). The Anti-Orientalist. *The New York Times Magazine*, 16.04.2006. http://www.nytimes.com/2006/04/16/magazine/16goytisolo.html?pagewanted=all&_r=0 (02.11.2019).

Eigeltinger, Wilfried (1981). Das Niemandsland Klappe. In Bruno Gmünder & Christian von Maltzahn (Hrsg.), *Berlin von hinten* (S. 149–153). Westberlin: Bruno Gmünder Verlag.

Eigeltinger, Wilfried (1983). *Graffiti für Vespasian: Die Kunst im Pissoir*. Westberlin: Verlag rosa Winkel.

Fassbinder, Rainer Werner (1982). Literatur und Leben. *Die Zeit*, 25.06.1982.

Feddersen, Jan (2003). Was guckst du? Bist du schwul? *taz*, 08.11.2003.

Fichte, Hubert (1979) [1971]. *Detlevs Imitationen »Grünspan«*. Roman. Frankfurt a. M.: Fischer Taschenbuch.

Fichte, Hubert (2006) [1989]. *Der Platz der Gehenkten*. Roman. Frankfurt a. M.: Fischer Taschenbuch.

Fichte, Hubert (1993). *Hamburg Hauptbahnhof. Register*. Frankfurt a. M.: S. Fischer Verlag.

Fichte, Hubert & Genet, Jean (2002) [1981]. *Ein Interview*. Aachen: Rimbaud Verlag.

Foucault, Michel (2007) [1994]. *Ästhetik der Existenz. Schriften zur Lebenskunst*. Frankfurt a. M.: Suhrkamp Taschenbuch.

Fülberth, Georg (2007). *Finis Germaniae. Deutsche Geschichte seit 1945*. Köln: PapyRossa Verlag.

Genet, Jean (1975) [1943/1944]. *Notre-Dame-des-Fleurs*. Roman. Reinbek b. Hamburg: Rowohlt Taschenbuch.

Genet, Jean (2011) [1947]. *Querelle*. Roman. Reinbek b. Hamburg: Rowohlt Taschenbuch.

Georgiades, Thrasybulos (1958). *Musik und Rhythmus. Zum Ursprung der abendländischen Musik*. Reinbek b. Hamburg: Rowohlt Taschenbuch.

Gigi – Zeitschrift für sexuelle Emanzipation (2001). Schwule, Spanner, Sexverbrecher – Eine (unvollständige) Chronik staatlicher Repression. Gigi, Juli 2001. http://www.gigi-online.de/chronik14.html (18.12.2019).

Goethe, Johann Wolfgang von (1949) [1819/1827]. *West-östlicher Divan. Mit Noten und Abhandlungen*. Leipzig: Insel Verlag.

Goldberg, Clemens (1992). *Die Chansons Johannes Ockeghems. Ästhetik des musikalischen Raumes*. Laaber: Laaber Verlag.

Goytisolo, Juan (1986) [1970]. *Rückforderung des Conde don Julián*. Roman. Mit einem Nachwort von Carlos Fuentes. Frankfurt a. M.: Suhrkamp Taschenbuch.

Goytisolo, Juan (1990) [1982]. *Landschaften nach der Schlacht*. Roman. Frankfurt a. M.: Suhrkamp Verlag.

Goytisolo, Juan (1995) [1986]. *Die Häutung der Schlange. Ein Leben im Exil*. München: Hanser Verlag.

Goytisolo, Juan (2004). *Gläserne Grenzen. Einwände und Anstöße*. Frankfurt a. M.: Suhrkamp Taschenbuch.

Härlin, Benny & Sontheimer, Michael (1983). Die freudlose Gasse: Auf der Potsdamer Straße in Berlin. *Transatlantik*, Januar 1983.

Herrmann, R[uth] (1962). Die Unzucht in der Kunst. Der Hamburger Prozess gegen Jean Genets Roman »Notre-Dame-des-Fleurs« eröffnet neue Perspektiven der Rechtsprechung. *Die Zeit*, 10.08.1962.

Hieronymus, Andreas (2014) [2011]. Schwule und Muslim_innen zwischen Homophobie und Islamophobie. In Koray Yılmaz-Günay (Hrsg.), *Karriere eines konstruierten Gegensatzes: zehn Jahre »Muslime versus Schwule«. Sexualpolitiken seit dem 11. September 2001* (S. 135–146). Neuausgabe. Münster: Edition Assemblage.

Hocquenghem, Guy (2018) [1976]. Wir können nicht alle im Bett sterben. In Heinz-Jürgen Voß (Hrsg.), *Die Idee der Homosexualität musikalisieren: Zur Aktualität von Guy Hocquenghem* (S. 101–106). Gießen: Psychosozial-Verlag.

Hocquenghem, Guy (2018) [1979]. *Race d'Ep! Un siècle d'images de l'homosexualité*. Bordeaux: Éditions la Tempête.

Isherwood, Christopher (1992) [1976]. *Christopher und die Seinen*. Berlin: Verlag Bruno Gmünder.

Jagose, Annamarie (2001) [1996]. *Queer Theory. Eine Einführung*. Berlin: Querverlag.

Just be gay (2002). Regenbogentour. Onlinemagazin Just be gay, 15.03.2002.

Kaiser, Wolfram & Völker, Arina (Hrsg.). (1987). *Johann Heinrich Schulze (1687–1744) und seine Zeit*. Halle: Martin-Luther-Universität Halle-Wittenberg.

Klauda, Georg (2007). Sotadic Love – ein Orientalist sortiert die Welt. http://fqueer.blogsport.de/?p=62 (02.11.2019).

Klauda, Georg (2008). *Die Vertreibung aus dem Serail: Europa und die Heteronormalisierung der islamischen Welt*. Hamburg: Männerschwarm Verlag.

küçük iskender (2011). Weisheit der Sinne. Notizen für Rimbaud. Türkische Gedichte und Essays. Frankfurt a. M.: Literaturca Verlag.

Lautmann, Rüdiger (2018). Jean Genet und die schwulen Bewegungen. In Florian Mildenberger (Hrsg.), *Unter Männern. Freundschaftsgabe für Marita Keilson-Lauritz* (S. 225–246). Hamburg: Männerschwarm-Verlag.

Ley, Hermann (1953). *Avicenna*. Berlin: Aufbau-Verlag.

Linck, Dirck (2016). *Creatures. Aufsätze zu Homosexualität und Literatur*. Hamburg: Männerschwarm-Verlag.

Mağden, Perihan (2011) [2010]. *Ali und Ramazan*. Roman. Berlin: Suhrkamp Verlag.

Marx, Karl (1956) [1843/1844]. Zur Kritik der Hegelschen Rechtsphilosophie. Einleitung. In Marx-Engels-Werke, Band 1 (S. 378–391). Berlin: Dietz Verlag.

Mayer, Hans (1988) [1975]. *Außenseiter*. Frankfurt a. M.: Suhrkamp Taschenbuch.

Mayer, Hans (1998). Hubert Fichte: Auf der Suche nach dem Vater. In Ders. (Hrsg.), *Zeitgenossen. Erinnerung und Deutung* (S. 188–208). Frankfurt a. M.: Suhrkamp Verlag.

Nietzsche, Friedrich (2004) [1872]. *Die Geburt der Tragödie*. Stuttgart: Reclam Universal Bibliothek.

Pasolini, Pier Paolo (1978) [1975]. *Freibeuterschriften. Die Zerstörung der Kultur des Einzelnen durch die Konsumgesellschaft.* Westberlin: Wagenbach Verlag.

Petzen, Jennifer (2014) [2005/2011]. Wer liegt oben? Türkische und deutsche Maskulinitäten in der schwulen Szene. In Koray Yılmaz-Günay (Hrsg.), *Karriere eines konstruierten Gegensatzes: zehn Jahre »Muslime versus Schwule«. Sexualpolitiken seit dem 11. September 2001* (S. 25–45). Neuausgabe. Münster: Edition Assemblage.

Proust, Marcel (2004) [1927]. *Die wiedergefundene Zeit.* Frankfurter Ausgabe, Werke II. *Auf der Suche nach der verlorenen Zeit.* Roman, Band 7. Frankfurt a. M.: Suhrkamp Taschenbuch.

Queer Nations (2006). *In unserem Namen.* Berlin: Initiative Queer Nations.

Raddatz, Fritz J. (1980). Jean Genet: »Querelle« [= 91. Folge der »ZEIT-Bibliothek der 100 Bücher«]. *Die Zeit*, 21.03.1980.

Reichert, Martin (2010). Jetzt reicht's langsam! *taz*, 18.06.2010.

Ruder, Dirk (2010). »Deutschland« soll helfen. *Junge Welt*, 17./18. April 2010.

Sacher-Masoch, Leopold von (2006) [1870]. *Venus im Pelz.* Roman. Mit einer Studie von Gilles Deleuze über den Masochismus. Frankfurt a. M.: Insel Taschenbuch.

Sa'dī, Muṣliḥ ad-Dīn (1998) [ca. 1258]. *Der Rosengarten.* Hrsg. von Dieter Bellmann. München: Verlag C. H. Beck.

Sargeant, Jack (2009) [1997]. *Naked Lens: Beat Cinema.* New York: Soft Skull Press.

Schmidt, Alfred (1984). *Goethes herrlich leuchtende Natur: Philosophische Studie zur deutschen Spätaufklärung.* München: Carl Hanser Verlag.

Schock, Axel & Kay, Manuela (2003). *Out im Kino. Das lesbisch-schwule Filmlexikon.* Berlin: Querverlag.

Seidel, Helmut (1980). *Von Thales bis Platon. Vorlesungen zur Geschichte der Philosophie.* Berlin: Karl Dietz Verlag.

Siegessäule (2012). Kurzrezension zu Perihan Mağdens »Ali und Ramazan«. *Siegessäule*, Februar 2012.

Stockford, Caroline (2015). To Make a Sound. Caroline Stockford interviews küçük iskender. https://yrakha.com/2019/09/23/to-make-a-sound-caroline-stockford-interviews-kucuk-iskender-derman-iskender-over/ (28.01.2020).

Strutzmann, Helmut (1985). Nachwort. In Leopold von Sacher-Masoch, *Venus im Pelz und andere Erzählungen* (S. 179–206). Wien: Verlag Christian Brandstätter.

Sweetapple, Christopher, Voß, Heinz-Jürgen & Wolter, Salih Alexander (2020). *Intersektionalität: Von der Antidiskriminierung zur befreiten Gesellschaft?* Stuttgart: Schmetterling Verlag

taz (2011). Der zähe Kampf der letzten Mieter. *taz*, 02.08.2011.

tip (2011). In zentraler Randlage. *tip*, Heft 15/11.

Voß, Heinz-Jürgen (2008). Rezension von »Fluchtversuche. Das Leben des Miro Sabanovic zwischen Familienterror, Bahnhof Zoo und Ausländerbehörde, hrsg. von Hans Peter Hauschild«, 03.06.2008. https://schwule-seite.de/hans-peter-hauschild-hrsg-fluchtversuche-das-leben-des-miro-sabanovic-zwischen-familienterror-bahnhof-zoo-und-auslanderbehorde/ (31.12.2019).

Voß, Heinz-Jürgen (2010). *Making Sex Revisited: Dekonstruktion des Geschlechts aus biologisch-medizinischer Perspektive*. Bielefeld: Transcript Verlag.

Voß, Heinz-Jürgen (2011). *Geschlecht: Wider die Natürlichkeit*. Stuttgart: Schmetterling Verlag.

Voß, Heinz-Jürgen (2012). So sehr, wie es nur geht … Perihan Mağdens »Ali und Ramazan«. Schwule Seite, 14.03.2012. https://schwule-seite.de/so-sehr-wie-es-nur-geht-perihan-magdens-ali-und-ramazan/ (31.12.2019).

Voß, Heinz-Jürgen (2013). Homo-Ehe oder Solidaritätsvertrag? *PROKLA – Zeitschrift für kritische Sozialwissenschaft, 43*(4), H. 173, 615–629.

Voß, Heinz-Jürgen (Hrsg.). (2018). *Die Idee der Homosexualität musikalisieren. Zur Aktualität von Guy Hocquenghem*. Gießen: Psychosozial-Verlag.

Voß, Heinz-Jürgen & Wolter, Salih Alexander (2013). *Queer und (Anti-) Kapitalismus*. Stuttgart: Schmetterling Verlag.

White, Edmund (1993) [1993]. *Jean Genet*. Biografie. München: Kindler Verlag.

White, Edmund (1996) [1994]. Der Wanderer: Juan Goytisolos Grenzüberschreitungen. In Ders., *Die brennende Bibliothek. Essays* (S. 353–381). München: Kindler Verlag.

Wildenhain, Michael (2008). Träumer des Absoluten (Auszug). *Neues Deutschland*, 23./24.08.2008.

Witkowski, Michał (2007). *Lubiewo*. Frankfurt a. M.: Suhrkamp Verlag.

Wolter, [Salih] Alexander (2002). Wir haben und machen Lust auf was anderes – queer. Eine Bundesarbeitsgemeinschaft nicht nur mit neuem Namen. *Disput* [Mitgliederzeitschrift der PDS], Juli 2002.

Yıldız, Cem (2009). *Fucking Germany. Das letzte Tabu oder Mein Leben als Escort*. Frankfurt a. M.: Westend Verlag.

Yılmaz-Günay, Koray (2011). Frauen und Homosexuelle im Clash of Civilizations. In *Rechtspopulismus in Berlin – Rassismus als Bindeglied zwischen der »Mitte« der Gesellschaft und Neonazismus?* (S. 41ff.). Berlin: Bündnis »Rechtspopulismus stoppen«.

Yılmaz-Günay, Koray (2014). Nachwort zur Neuausgabe. In Ders. (Hrsg.), *Karriere eines konstruierten Gegensatzes: zehn Jahre »Muslime versus Schwule«. Sexualpolitiken seit dem 11. September 2001* (S. 207–208). Neuausgabe. Münster: Edition Assemblage.

Yılmaz-Günay, Koray & Wolter, Salih Alexander (2013). Pink Washing Germany? Der deutsche Homonationalismus und die »jüdische Karte«. In Duygu

Gürsel, Zülfukar Çetin & Allmende e.V. (Hrsg.), *Wer MACHT Demo_kratie? Kritische Beiträge zu Migration und Machtverhältnissen* (S. 60–75). Münster: Edition Assemblage.

DSF – Zentralvorstand der Gesellschaft für Deutsch-Sowjetische Freundschaft (1952). *Avicenna, Abu Ali Hussdin Ibn Abdullah Ibn Sina 980–1037, zur 1000. Wiederkehr des Tages seiner Geburt (nach mohammedanischer Zeitrechnung)*. Berlin (DDR).

Zuckerkandl, Victor (1963). *Die Wirklichkeit der Musik. Der musikalische Begriff der Außenwelt*. Zürich: Rhein Verlag.

Zuckerkandl, Victor (1964). *Vom musikalischen Denken. Begegnung von Ton und Wort*. Zürich: Rhein Verlag.

Zülfukar Çetin, Peter-Paul Bänziger (Hg.)

Aids und HIV in der Türkei

Geschichten und Perspektiven einer emanzipatorischen Gesundheitspolitik

2019 · 305 Seiten · Broschur
ISBN 978-3-8379-2826-6

HIV-Infektionen haben in der Türkei erst in jüngster Zeit in besorgniserregendem Ausmaß zugenommen. Dennoch formierte sich schon früh eine heterogene Bewegung aus kritischen Ärzt*innen, Vertreter*innen marginalisierter Gruppen und Menschen mit HIV, die sich für die Sensibilisierung der Bevölkerung und von staatlichen Institutionen einsetzten oder als direkt Betroffene die Stimme erhoben. Zülfukar Çetin und Peter-Paul Bänziger dokumentieren anhand von Interviews die Geschichte dieser Menschen – ihre Trauer und Wut, ihre Kämpfe, ihre Erfolge und Misserfolge.

Die Interviewten geben einen fundierten und vielseitigen Einblick in die Geschichte von Sexualität und Gesundheit in der Türkei von den 1980er Jahren bis zur Gegenwart. Sie zeigen auf, wie der Einfluss sozialer Bewegungen zu einem Wandel in der Gesundheitspolitik beitrug. Es entsteht ein komplexes Bild eines Landes, in dessen Wahrnehmung heute Polarisierungen dominieren.

Psychosozial-Verlag

Christopher (ed.) Sweetapple

The Queer Intersectional in Contemporary Germany

Essays on Racism, Capitalism and Sexual Politics

2018 · 208 Seiten · Broschur
ISBN 978-3-8379-2840-2

Anti-racist and queer politics have tentatively converged in the activist agendas, organizing strategies and political discourses of the radical left all over the world. Pejoratively dismissed as »identity politics«, the significance of this cross-pollination of theorizing and political solidarities has yet to be fully countenanced. Even less well understood, coalitions of anti-racist and queer activisms in western Europe have fashioned durable organizations and creative interventions to combat regnant anti-Muslim and anti-migrant racism within mainstream gay and lesbian culture and institutions, just as the latter consolidates and capitalizes on their uneven inclusions into national and international orders. The essays in this volume represent a small snapshot of writers working at this point of convergence between anti-racist and queer politics and scholarship from the context of Germany. Translated for the first time into English, these four writers and texts provide a compelling introduction to what the introductory essay calls »a Berlin chapter of the Queer Intersectional«, that is, an international justice movement conducted in the key of academic analysis and political speech which takes inspiration from and seeks to synthesize the fruitful concoction of anti-racist, queer, feminist and anti-capitalist traditions, movements and theories.

With contributions by Judith Butler, Zülfukar Çetin, Sabine Hark, Daniel Hendrickson, Heinz-Jürgen-Voß, Salih Alexander Wolter and Koray Yılmaz-Günay